世界のSDGs都市戦略

Vejle, Denmark / Kamakura, Japan / Sydney, Australia / Athens, Greece / Rome, Italy / New York, USA / Seoul, South Korea / Huangshi, China / Bristol, UK / Melbourne, Australia / Kyoto, Japan / Singapore / San Francisco, USA / Bangkok, Thailand / Chennai, India / Toyama, Japan / Glasgow, UK / Melaka, Malaysia

Urban Strategy for Resilience and Sustainability

Digital Technology and Value Creation

デジタル活用による価値創造

櫻井美穂子

学芸出版社

本書は、一般財団法人 住総研の２０２１年度出版助成を得て出版されたものである。

はじめに

２０１５年９月、「私たちの世界を変革する：持続可能な開発のための２０３０アジェンダ（Transforming our world: the 2030 Agenda for Sustainable Development）」と名付けられた文書が、ニューヨークの国連本部で開催された国連総会で採択された。ＳＤＧｓの名称で広く使われるようになった持続可能な開発目標が記された文書である。人類と地球の未来にとって極めて重要なアクションとして、２０３０年に向けた17のゴールと１６９のターゲットが設定された。全体として、〝誰１人取り残さない〟開発を強く意識したゴール設定となっている。

この文書の前文には、次の５つのキーワードが掲げられている。

・人間：貧困と飢餓を終わらせる。全ての人が尊厳を持って、平等の精神と健康な環境を享受する。
・地球：持続可能な消費活動と生産活動、気候変動への対応を通じ、地球を守る。自然環境の劣化を防ぐことで、現在と未来の世代が満足な生活を送れるようにする。
・繁栄：全ての人が豊かな生活を享受する。経済・社会・技術の発展が、自然環境との調和のもと行われるようにする。
・平和：恐れや暴力から解き放たれた、平和で公正、包摂的な社会を実現する。平和の実現なくして持続可能な開発はなしえず、持続可能な開発なくして平和の実現はありえない。
・パートナーシップ：グローバルなパートナーシップに基づき、持続可能な開発目標を達成する。全ての国、ステークホルダー、人々の協力を得て、社会的に最も弱い立場にある人々に焦点を当てながら、世界的な連携を強化する。

本書は、〝持続可能性〟というやや抽象度の高いキーワードを、街づくりの観点から考察する。人間・地球・繁栄・平和・パートナーシップの全ての側面が絡み合い、私たちの日常生活を支える基盤となる〝都市〟に焦点をあて、2030年以降の未来に向かう都市の戦略について掘り下げるものだ。

持続可能性をどのように達成していくのか?に対する答えを導き出すための、本書の主なメッセージは次の通りだ。

❖SDGsのゴールである、持続的に発展する世界、社会、地域コミュニティについて、システム思考、デザイン思考、進化（トランスフォーメーション）、デジタル（ICT＋データ）の観点から解説する。

SDGsが定める17のゴールは私たちの日常生活に密接に関係している。本書はゴール11「インクルーシブ、安全、レジリエントで持続可能な都市づくり」を中心とした、SDGsが掲げる都市づくりの観点から、SDGs時代の街づくりについて考える。考え方のベースとなるのは、持続可能性を社会・経済・環境の3つの観点から総合的に捉えるトリプルボトムラインと、都市そのものをダイナミックな1つのシステムとして捉えるシステム思考、そして国連の採択文書のタイトルにもなったトランスフォーメーション＝進化の概念だ。本書では、進化について、レジリエンスのコンセプトから理解を試みる。SDGs時代を生きる未来の都市は、ICTとデータを使い社会課題に適応しながら「進化」を続ける、というのが本書の大きなメッセージとなる。

システムの基本構造は、インプット、プロセス、アウトプットからなる。世界の都市は、全ての人が取り残されることなく、安全で、レジリエントで持続可能な都市づくりを目指し、それぞれが抱える社会課題をインプットとして、課題を解決しながら街の新しい価値をアウトプットしていくことになる。課題発見と解決のための実践を反復するデザイン思考の考えが生きてくる。課題解決に向けた反復の過程を、本書では「都市の価値創造システム」と名付けている。自身を進化させるメカニズムを内包した課題解決システムとしての都市、と言い換えることも可能だ。

都市が抱える社会課題を解決するのは、その土地に住む人々、企業や団体などの組織だ。これらのステークホルダーが、自身や地域が抱える課題を認識し、解決に動くことが、「都市の価値創造システム」の第1歩となる。住民に最も近い存在である自治体が、ステークホルダー間のコーディネートをしたり、ファシリテーターとしてシステム全体の舵取りをする。「都市の価値創造システム」には、課題を解決し価値を創造するためのメカニズム（仕組み）がある。

❖日本や世界のＳＤＧｓ街づくり事例を踏まえながら、戦略のエッセンスを深堀する。キーワードは、協働・共創、コミュニケーション、価値創造。

本書では、世界の都市が、レジリエンスや共生をキーワードとしてＳＤＧｓの掲げたゴール群の達成を目指す戦略を、ＳＤＧｓ街づくり事例として紹介する。そこで描かれるのは、ダイナミックに変化する様々な荒波を乗り越え進化する都市の姿である。レジリエンスは、都市における個人、コミュニティ、組織、ビジネス、そして社会システムが、社会課題に適応しながら持続的に成長していく能力を問う。

各都市は、課題解決に向けた思考方法や行動様式としてレジリエンスの考え方を用いている。複雑化・多様化する社会課題の相互関係の理解と、解決に向けた実践活動の両輪により、持続可能な社会の実現を目指している。それぞれの都市が抱える課題には共通点もあり、独自性もあるが、同じ状況の都市は１つとしてない。街が発展してきた歴史的な背景、バックグラウンドの異なる住民を抱え、社会課題は多様な分野に広がる。問題解決のために力を入れる焦点も、異なっている。

各都市のダイナミックな特性を前提としつつ、戦略のエッセンスを深堀りすると、多様性、市民参加、コミュニティ、自然との共生、健康、協働、共創、デジタル、信頼、オープン、インフラ――というキーワードが浮かび上がる。多分野の様々なステークホルダーとの協働と、市民参加による課題解決のアプローチ（共創）、地域コミュニティの強化を課題解決の原動力として、気候変動や自然災害に対応し、地球を次世代に残すため自然との共生を目指す。ごみゼロやサーキュラーエコノミー、シェアリングエコノミーなどの新しい形の経済活動や、自然との共生と人々の健康増進をセットで進めるなど、課題解決の過程で新しい生活の価値観が生まれている。行政と市民の間の信頼関係は、街づくりを進める上で今も昔も変わらず重要なキーワードだ。都市生活を支えるインフラは、道路や橋、交通システムなどのハード面だけではなく、教育、文化、歴史といった様々な側面を持っている。街の進化を支えるのは、多様な主体間のコミュニケーションや情報交換だ。

本書では、学術的知見に基づき開発された、戦略の実践をサポートするツールボックスも紹介する。

❖協働・共創、コミュニケーション、価値創造を実現する上で鍵となるデジタル活用について、考え方のベースラインを提示する。対応の鍵は、ローカル情報の活用とパーソナライズ。

本書で提示する「都市の価値創造システム」は、進化のメカニズム（仕組み）を内包する。社会課題を解決し価値を創造しながら進化するメカニズムの原動力となり、動かしているのがICTであり、データである。デジタルトランスフォーメーション（DX）のエッセンスを取り入れながら、SDGs都市戦略におけるデジタル活用について考察する。

システム思考に基づくと、DXの本質＝システムのプロセスを変革すること、となる。プロセスを変革することで、アウトプットに新たな価値を加える。街づくり分野、特にデジタルガバメントにおけるDXにはいくつかのプロセスがある。業務を自動化・デジタル化するデジタイゼーション、組織内部の意思決定や業務のやり方を変えるデジタルガバメント、外部組織との関係性を変化させるデジタルガバナンス、そして地域特有の課題や住民1人ひとりのニーズや状況に寄り添う文脈化だ。誰1人取り残さない、とのSDGsの精神にのっとると、SDGs時代のデジタル活用は文脈化を目指すべき、というのが本書のもう1つの大きなメッセージとなる。

本書では「文脈化」の実現方法として、必要な人に、必要なとき、必要な情報やサービスが届くパーソナライズの観点を提示する。パーソナライズサービスや情報提供の実現には、街中で生成されるローカル情報―移動体（車など）情報、人流情報、気象情報、施設情報や決済情報など―と、パーソナル情報―私たち1人ひとりの個人情報（氏名や世帯構成、関心事項など）、健康情報（生まれたときからの疾患歴含む）、住環境情報など―の活用が欠かせない。ローカル情報とパーソナル情報の組み合わせで実現するサービスの例としては、土砂災害や洪水の恐れが高いエリアに住む人に避難を促すメッセージを個別送信する、混雑を避けながら目的地に移動するための手段を提案する、などが挙げられる。

DXの実践は、スモールステップできることから、が大切だ。現場のニーズに合わせた、柔軟で機動的なシステムのデザイン手法として、フルーガル（質素な、質実な）の考え方を紹介する。加えて、国内のスマートシティの実践例を紹介する。

❖SDGs時代のスマートな社会デザインを構想し、デザイン思想（プリンシプル）を提示する。

「都市の課題解決システム」が内包する、進化の（課題解決をしながら新しい価値を創造する）メカニズムは、次の5つである。

①知識創造：社会課題を解決するために、教育プログラムを通じた個人と組織のエンパワーメントが実行

される。他都市の事例をケーススタディするニーズが高まり、都市間連携による経験や知の共有が行われる。

②エンゲージメント／コミュニティ力：住民と行政の関係性が変化する。コミュニティ力の強化や共創のためのコミュニケーション活動が行われる。行政サービスへの物理的なアクセスだけではなく、自治体や地域への心理的な近さと信頼関係が重要となる。

③サービス創出と提供：グリーン産業、交通システムの刷新、モビリティサービスの拡充、文化・クリエイティブ産業の強化により、新しいサービスが創出される。実際のサービス提供の前に、リビングラボ形式による実験的な実装を踏むのが主流となっている。

④ローカル情報の活用：リアルタイムデータに基づいた政策立案と、データ分析に基づいた意思決定を推進する。センサーなどから取得したIoTデータを一元的に管理し意思決定やサービス創出につなげる。

⑤パーソナライズ：デジタル活用によって、街のサービスが「誰にとっても一律の同じサービス」から、「あなただけのサービス」へと進化する。社会や人々の多様性を許容し、寄り添うことで新たな価値を創出する。

繰り返しになるが、進化のメカニズムを支えるのはＩＣＴとデータ活用だ。本書の最後に、都市の進化と持続性を支えるためのデザイン思想を提示する。情報システムに関しては、データ基盤（クラウド）＋（ユーザーの）共通認証＋カスタマイズ可能なアプリケーション＋データ連携ＡＰＩと、データ連携のルールが重要となる。さらに、エンゲージメントを高めるためのユーザー体験の向上、共創をデザインしファシリテートする主体や、実践をサポートするツールの重要性を説く。
SDGsの考え方のベースとなったトリプルボトムラインは、社会・経済・環境それぞれの持続可能性を説く。競争ではなく共生、2+2を4ではなく5以上と捉える協働や共創の考え方が鍵となる。本書でご紹介する進化（レジリエンス）の概念とシステム思考、デジタル活用のエッセンス、そして国内外の街づくり事例を通して、2030年代につながる都市戦略のヒントを見出していただければ嬉しい。

櫻井美穂子

1　SDGs時代の未来都市
―社会課題の捉え方

3年間暮らしたノルウェーのクリスチャンサンド。大自然の力強さと美しさに圧倒された

1 社会・経済・環境の持続性を目指すSDGs

競争から共生・共存のパラダイムシフト：トリプルボトムライン

SDGs、サステイナビリティの考え方を理解する上で重要となるトリプルボトムラインの考え方が提唱されたのは今からおよそ25年前。企業のパフォーマンスを評価する伝統的な指標である経済的アウトプット（利益）に、従業員を抱える組織としての社会的責任と、地球環境への影響を加えるべき、というものだった。21世紀の持続可能なビジネスには、経済的な繁栄と、地球環境への負担軽減、そして社会的公平性を同時に達成することが不可欠とした。[*1] この考え方はその後、ビジネス領域だけではなく、広く社会全般のサステイナビリティを説明する際に欠かすことのできないフレームとなった（図1・1）。

オックスフォード英英辞典によると、サステイナビリティとは、「地球環境にダメージを与えないような天然資源やエネルギーの使い方」「長期にわたって継続・持続する能力」とある。私たちは、地球の資源が有限であり、無計画な天然資源の使用や乱獲は資源の枯渇を招くことを知っている。経済や社会活動は、地球環境へのダメージを最小限に抑えながら行われるべきだと理解している。一方で、2つ目の「長期にわたって継続・持続する能力」とはやや抽象的で、具体的なイメージが浮かびにくいかもしれない。

トリプルボトムラインを提唱したジョン・エルキントン氏は、サステイナビリティは〝2＋2＝5もし

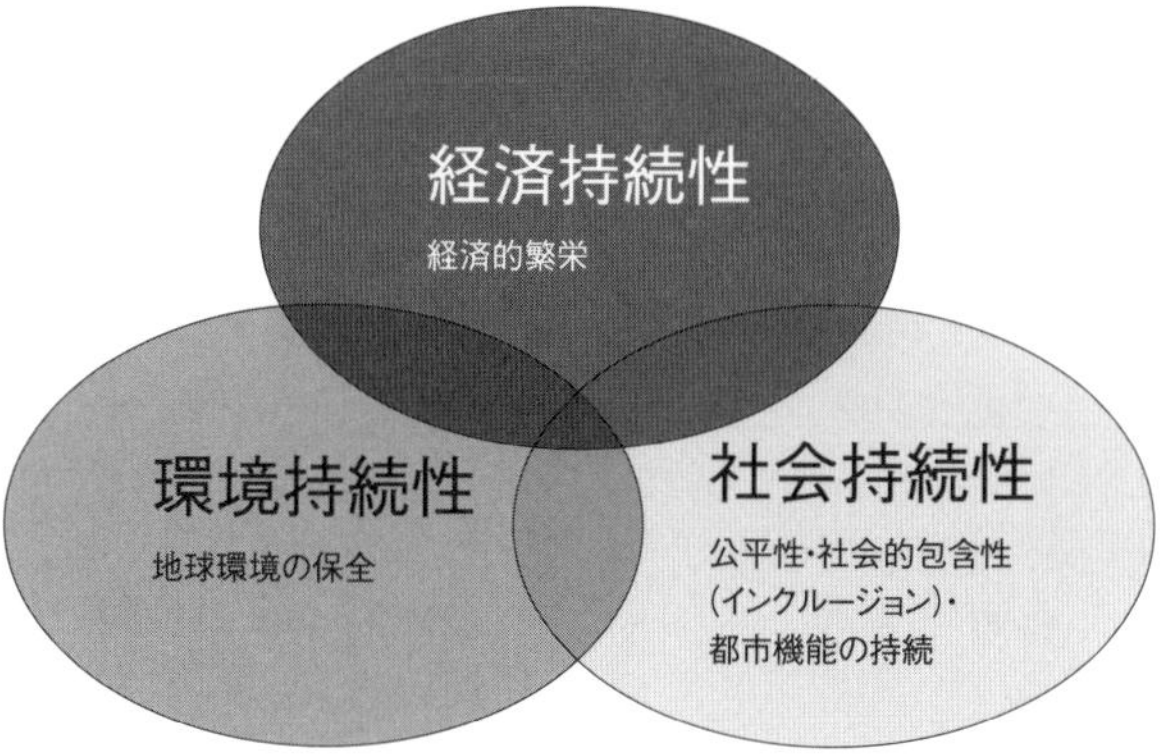

図1・1　トリプルボトムライン（文献＊1をもとに作成）

くはそれ以上〟と言っている。2＋2を単純に4と捉えない。これまで敵対関係にあった者同士が、奪い合いや競争ではなく、共生・共存するパラダイムシフトが必要であり、長期的なパートナーシップに基づいた経済・社会・環境活動が実行されるべきだと。こうした活動は、自分1人では成し得ない大きな目標を共に達成するための協働のプラットフォームを必要とする。これからの時代には、パートナーとの信頼関係の構築と、つながりの構築・維持が重要になると提言した。

サステイナビリティが意味する「長期にわたって継続・持続する能力」を、2＋2＝5もしくはそれ以上、と解釈するとして、本書のテーマである街づくりや都市戦略にあてはめると、どのような実践が求められるだろうか？

持続可能な都市・街づくりの方法論：課題解決システムとしての都市

SDGsが記された国連の文書には、全体を通して「誰1人取り残さない」との表現が多用されている。全ての人類にとって重要となる開発目標という点で、主に途上国の問題に焦点を当て

MDGs	SDGs
発展途上国を対象	全世界の国々を対象
開発目標として優先順位の高いいくつかのゴール（特に貧困）に焦点	社会・経済・環境分野にまたがる、より広いゴール／ターゲットを設定
貧困問題に直接的にアプローチ 顕在化した状況のみを観察	貧困問題の**原因**にアプローチ 国や地域により異なる実情や、対応能力を考慮した開発目標
国際的な国家間の交渉により目標を達成 ゴールが達成されることを重視	各国が目標達成の過程と結果に責任を持つ ゴールの達成に加えて、ゴールを達成する**手段や方法**を重視

表1・1　SDGsとMDGsの思想の違い（文献＊2をもとに作成）

たMDGs（SDGsの前身であるミレニアム開発目標）とは焦点がやや異なる（表1・1）。

ここで注目していただきたいのは、SDGsが問題の〝原因〟にアプローチし、ゴール達成の〝手段や方法〟を重視している点だ。持続可能性の実践を考える際のヒントとなるので、この観点を念頭に本書を読み進めていただきたい。SDGsをどのように実現していくのか？という問いがとても重要になる。

本書では、サステイナビリティを持続可能（性）あるいは持続的と表現する。都市戦略や街づくりに焦点をあて、持続可能性を達成するための能力とは何か、について考えていく。SDGsの17のゴールは、いずれも街づくりとの関係性が高い。都市づくりに関するゴール11「インクルーシブ、安全、レジリエントで持続可能な都市づくり」は、図1・2の目標を掲げる。

持続可能な開発目標11.
インクルーシブ、安全、レジリエントで持続可能な都市づくり

11.1　2030年までに、安全な住宅や関連サービスへのアクセスを確保する（スラムの改善）

11.2　2030年までに、安全で容易に利用できる持続可能な交通システムを確立する

11.3　2030年までに、インクルーシブで持続可能な都市化と、参加型の都市マネジメントを確立する

11.4　世界の文化遺産と自然遺産の保護・保全を強化する

11.5　2030年までに、災害による死者や被災者を削減し、経済的損失の減少を目指す

11.6　2030年までに、都市における1人あたりの自然環境へのインパクトを軽減する

11.7　2030年までに、グリーンスペースや公共の場へのアクセシビリティ（特に女性・子ども・高齢者・障害者に対する）を提供する

11. a　経済、社会、環境の観点のつながりを強化する。都市―農村間のつながりを支援する

11. b　2020年までに、気候変動への対応能力、災害に対するレジリエンスを高める

11. c　持続性がありかつレジリエントな構造物の整備を支援する

図1・2　SDGsゴール11：インクルーシブ、安全、レジリエントで持続可能な都市づくりの内容（文献＊3をもとに作成）

ゴール11では、都市が直面する課題として、住宅の確保、安全で使いやすい交通システムの確立、都市のマネジメントのあり方、文化・自然遺産の保全、自然災害への備え、環境負荷の軽減、緑地やパブリックスペースへのアクセスなどが掲げられている。

これまで、都市における持続可能性の取組みは、グローバルなリスクの上位に常に入る自然環境との共生を念頭に、再生可能エネルギー活用や資源の再利用、テクノロジーによる利用効率化などの〝環境〟持続性が中心的な役割を担っていた。その後、環境だけではなく、都市でサービスを提供する事業者のビジネスモデル（経済）の継続性・持続性や、社会そのもの、具体的には、都市に住む人々がつくるコミュニティやインフラの持続性、SDGsのゴールで提示されたような多様な社会課題の認識と解決が重要であるとの考え方が加わり、トリプルボトムラインの3側面をカバーするようになった。

2030年の都市には、様々な社会課題の原因にアプローチしながら、持続可能性を実現する手段や方法を創り出す能力が求められる。その方法論として本書が提示するのは、都市＝課題解決システム、という考え方だ。このシステムは、自身を進化させるメカニズムを内包する。多様な主体が都市に集い、暮らしの中で生まれた様々な課題に取組み（課題解決）ながら、新しい価値を創造していく。

未来都市は、ICTとデータを使い社会課題に適応しながら「進化」を続ける

本書では、街づくりの主体が課題解決のプロセスで新しい価値を創造していくことを、「進化（トランスフォーメーション）」と捉える。トランスフォーメーションは、国連のSDGs採択文書のタイトルにもなった。進化について、少し概念的な理解を試みるため、〝レジリエンス〟のコンセプトを拝借しよう。街づくりにおけるレジリエンスとは、「個人、コミュニティ、組織、ビジネス、そして社会システムが、社会課題に適応しながら持続的に成長していく能力」と定義される。[*4] 社会課題の相互依存性に着目し、様々な主体の協働と、能力開発（キャパシティビルディング）に焦点を当てている点が特徴だ。

レジリエンスの意味の多様化や変遷については本章の最後に説明を加えている。ここでは「進化」につながるレジリエンスのイメージを捉えていただくため、図1・3をご覧いただきたい。

この図は、均衡を保っていた世界が、外部から何らかの衝撃（イベント）を受けるところから始まる。外部からの衝撃には、日常生活への突発的なショックや、長期的なストレスの2種類がある。突発的なショックの代表例は地震などの自然災害、そして私たちの社会活動に大きな影響を与えている新型コロナウイルス

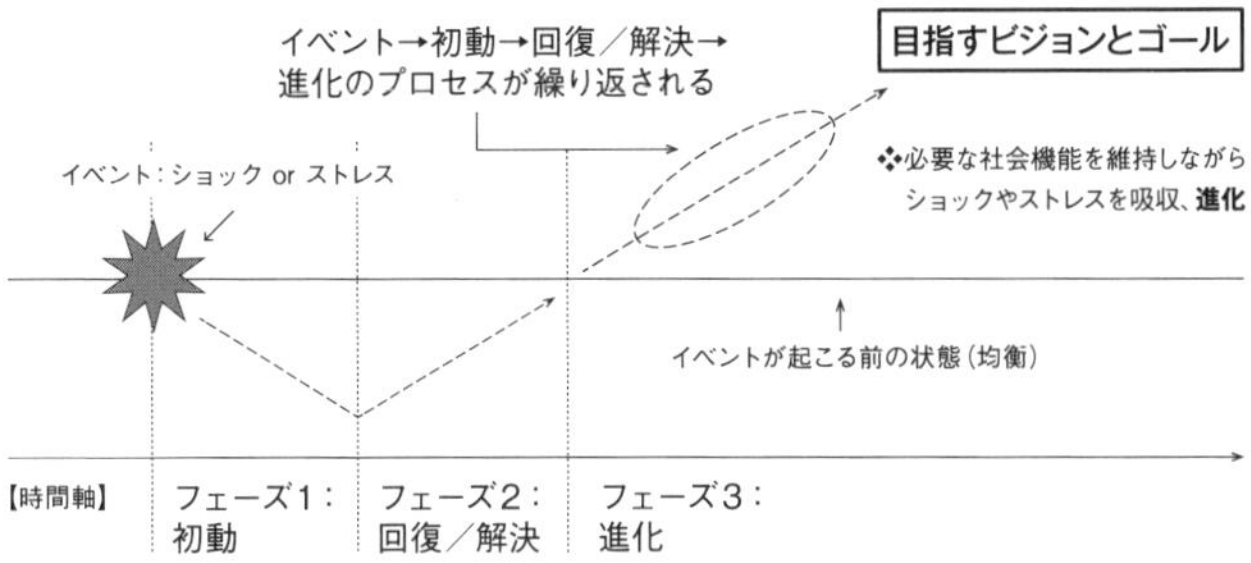

図1・3　レジリエンスに基づいた「進化」のイメージ

のような感染病はショックでもあり、長期的なストレスにもなる。

これらの突発的な現象が私たちの前に姿を現すと、日常生活は突如、混乱に陥る。自然災害により停電が起きたり、感染症の封じ込めのために外出ができなくなるなど、生活の質が一度落ちる（初動）。その後、社会システムは、現象が発生する前の状態に戻ろうとする（回復／解決）。その過程で、日常生活に必要な社会機能が最優先に復旧、あるいは維持される。コロナ禍でいうと、食料サプライチェーンの確保や、医療サービスの継続が最優先の社会機能となる。その後、ある程度の日常が戻ってきたら、それまでに社会生活に影響を与えた様々な要因を巻き込みながら、社会そのものが進化するフェーズが現れる（進化）。一度マイナスに陥った生活環境は、スタート地点に戻るだけでなく、小さなイベントの発生と回復／解決を繰り返しながら、進化の過程で街に新しい価値を生み出しながら発展していく。

少し抽象度が高くなったのでまとめると、個人・組織・社会全体が、目指すべき社会像やゴールに向かい持続的に成長していく能力を問うのがレジリエンスの本質である。

ここで厄介なのは、私たちの生活に影響をもたらす社会課題（図で言うショックとストレス）は、事前にある程度の想定は可能なものの、実際に何がいつ発生するのか、どれくらいの規模で影響をもたらすのかなど、完璧な定義が難しい点だ。そのため、どのような社会課題が都市を襲おうとも、柔軟に、臨機応変にそのときの状況に適応していく能力が重要となる。この能力こそ、課題解決システムとしての都市の重要な構成要素となる。

イベントの発生から進化のプロセスにおいて、社会課題の解決を加速させるのがデジタル活用だ。本書では、ＩＣＴ（情報通信技術）とデータ活用を総称してデジタル活用と呼ぶ。デジタル活用は、単に効率化や利便性を実現するだけではなく、街に新たな価値を創出し、人々の幸せや暮らしやすさ、街の安心・安全を支える原動力となる。

デザイン思考に基づいた社会課題の特定

都市における様々な社会課題を捉える際に持ちたい考え方がデザイン思考（Design thinking）だ。ユーザーニーズに基づいた人間中心のデザインの考え方で[*5]、人々が生活の中で何を求め、何を必要とし、どのようなサービスや情報の提供方法が好きなのか（または嫌いなのか）についての、深い観察を重視する。現在の技術で、人々のニーズをどこまで満たすことができるのかを見極め、戦略を生活者の価値に変えながら、新しい市場をつくっていくための方法論でもある。優れたデザインは、人々のニーズと、こうなりたいという将来欲求を両方満たすことができる、とされている。

次章でご紹介する世界の街づくり戦略の策定にあたっては、いずれの都市においても、生活者である住

ストレス要因（長期的課題）	ショック要因（短期的課題）
気候変動による温暖化、局地的豪雨や洪水、感染症、病気の拡散	
人口の急増 自然資源の保全と活用 都市の緑化 インフラの老朽化、ITインフラ投資 公的機関への信頼性の欠如 交通インフラの整備・刷新 交通渋滞 観光客や移民の増加 社会的包含性（インクルージョン） 収入格差 人口動態の変化、高齢化 食料・水・燃料の確保 住宅の確保 犯罪	地震・山火事などの自然災害 サイバー犯罪 テロ 国際イベント（世界中から人が集まる） 環境・大気汚染

表1・2　各都市における主な社会課題

民やその街で活動する事業者、NGO／NPOなどとの対話を何度も重ねている。対話の中から、街が抱える社会課題の特定作業が行われる。社会課題を構造的に理解するために、先に述べたような、日々の暮らしに突発的に影響を与えるショック要因（短期的課題）と、生活に長期的な影響を与えるストレス要因（長期的課題）に分けて整理した都市が多い。各都市が焦点を当てている社会課題や人口動態などの特徴は異なるが、整理されたストレス要因とショック要因には共通項もある（表1・2）。

気候変動による温暖化や洪水な

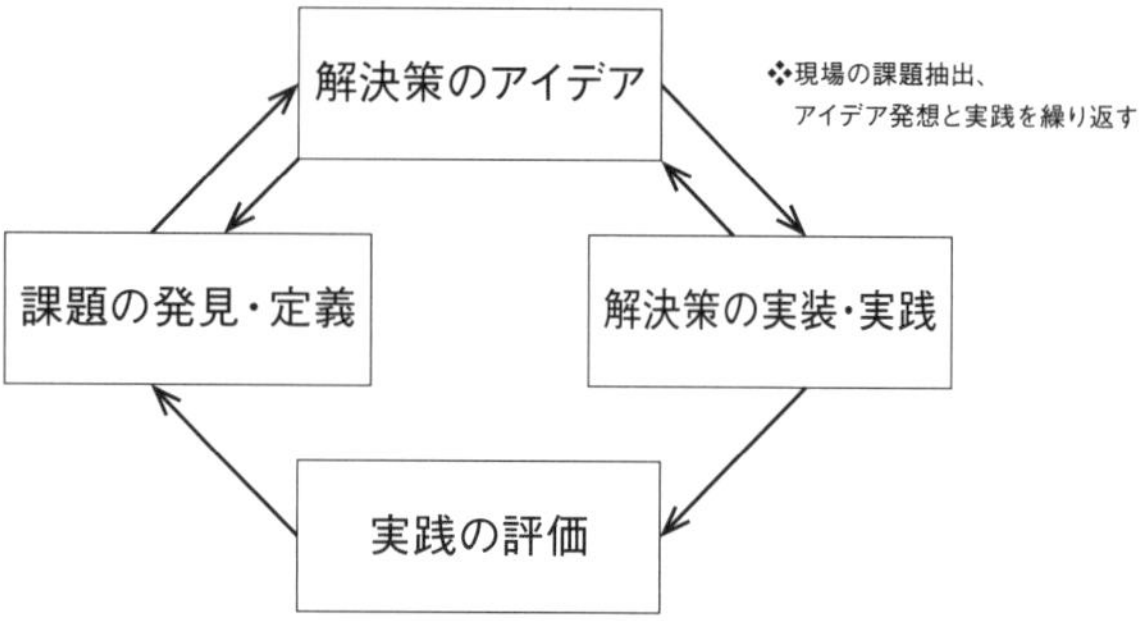

図1・4　デザインサイエンスによる実践の手法（文献＊6をもとに作成）

どの課題は、都市によりストレス要因ともショック要因とも定義されているため、両者にかかる課題とした。新型コロナウイルスに代表される感染症の影響も、当初は短期的に収まるかと思われたものの、完全収束まで数年を要する見通しが高く、長期的な影響が大きい。

ショック要因には災害関連の項目が並ぶ。サイバー攻撃やテロ、大規模国際イベントをショックと捉える都市もある。一方で、ストレス要因は都市を長期的に悩ませる課題として、多岐に富んでいる。ここで重要となるのが、各要因は個々に独立しているのではなく、相互に関係性を持っている点だ。例えば欧米では、移民の増加が社会的なインクルージョンという課題を引き起こし、収入格差を生んでいる。いずれの都市でもストレス要因として強調されているのは、橋や道路、公共施設など既存インフラの老朽化と、新しいITインフラ構築の2点である。少し注意が必要なのは、世界の都市が抱える最も大きなトレンドは人口の〝増加〟である一方で、日本においては人口〝減少〟が課題となる点だろう。

デザイン思考では、解決策となるアイデアの発想と実装（プロトタイピング）を行ったり来たりしながら課題に対応する。アイデア発想と実装は、直線的なプロセスではなく、反復する（図1・4）。レジリエンスの考えに基づくと、反復のプロセスを継続しながら街の新しい価値が生まれ、SDGsが目指す社会・経済・環境の持続性と、街の進化につながっていく。

2　都市＝システムの考えで、課題解決に近づく

都市は、ダイナミックなリビング・システム

競争から共生、進化、レジリエンス、デジタル活用、ショックとストレス、デザイン思考とキーワードを挙げてきたところで、社会課題へのアプローチにもう1つ重要な観点は、システム思考だ。都市を課題解決システムと捉える本書の基礎となる。

建築家のクリストファー・アレグザンダー氏は、「私たちの住む都市は、複雑で、ダイナミックなリビング・システムである」と述べた。[*7] リビング・システムとは、オープンシステムの一種で、元々は細胞・植物・人間などを指す言葉である。アレグザンダー氏は、都市に住む人々、生活インフラ、道路、商店などがそれぞれ独立して存在しているように見えていながら、実は相互に深く関係しあっていること（オープンな価値交換が行われている）をリビング・システムと表現した。近い考え方には、自然界で生物がお互いに依存しながら生態系を維持していく「エコシステム」がある。私たちが日々大気から酸素を吸収しながら生きていられるのは、樹木が光合成により酸素をつくり出してくれているからだ。

リビング・システムを都市に当てはめると、例えば、交差点の信号機が赤になると、交差点の角にあるキオスクに人々が立ち寄って物を買う可能性が高くなる。もし信号機が青であれば、人々は立ち止まることなくそのまま通り過ぎる。結果として、キオスクの販売機会が失われ、売り上げに影響を与えることになる。歩行者、信号、キオスク、キオスクで売られている商品が相互に関係しあいながら日常の光景が生まれていることが分かる。車や道路など、ほかの要素も関係しながら、複雑でダイナミックな都市の姿をつくり上げている（システム・オブ・システムズともいう）。都市の複雑性や多様性を理解するためには、私たちの住む街が、このように動的でオープンな〝システム〟であるという認識が重要となる。

システム＝インプット＋プロセス＋アウトプット

ここで、〝システム〟とは何か？について簡単にご説明したい。システムとは、様々な要素（サブシステムとも言う）の集まりのことを指す。各要素群は、同じ目的のもとに1つのシステムを構成している。私たちの生活の身近な例でいうと、交通システム、教育システム、会計システムなどが分かりやすいだろうか。単に要素が集まっているだけではなく、そこに一定の〝構造〟や〝ルール〟が存在することが特徴である。図1・5は、最もシンプルなシステムのモデルで、インプット、プロセス、アウトプットからなる構造が記述されている。

教育システムであれば、講義や教員、図書館などの施設がインプットにあたる。それらが組み合わさりプロセス（処理）されることで、教育というアウトプットが生まれる。交通システムであれば、電車、運転士、

図1・5　システムモデル（出典：文献＊8、p.271）

駅係員、時刻表、路線図などが組み合わることで、人々の移動という目的を可能とする。

システムのもう1つの特徴は、システムの内外を分ける境界線を持っていることだ。通常、境界線の内側をシステムと呼び、外側を環境（もしくは外部環境）と呼ぶ。境界線の内部のみでインプットからアウトプットまで行うものをクローズドシステムと言い、境界線を越えたリソースや価値の交換を行うものをオープンシステムという。

システムが進化を加速させるのは、境界線の内部のみで価値交換を行うクローズドな環境ではなく、外部環境に開かれ自由にリソースや価値の交換を行うオープンシステムの場合だ。都市を1つのオープンなシステムの集合体（システム・オブ・システムズ）と捉えたとき、様々なシステムが内包されていることに気づく。先に上げたシステムのほかに、食料調達システム、住宅システム、行政システム、排水システムなど、多くのシステムにより都市生活が成り立っている。都市の境界線を厳密に定義するのは難しいが、本書では、分かりやすく市区町村を1つの単位として、都市、あるいは街と呼ぶことにする。

システム思考により社会課題の要素を整理

本書では、都市を構成するオープンなシステムの集合体を課題解決システムとして捉え、進化の仕組みを内包した「都市の価値創造システム」として説明する。都市が解決すべき社会課題は、このシステムのインプットに入ると想像していただきたい。例えば、住民の健康維持を課題の1つに抱える都市があったとする。この場合のインプットは、住民の健康状態や運動への意欲となる。この課題を受けて、自治体が屋外で身体を動かせる環境を整備する（プロセス）。アウトプットとして、街の緑化比率が上がり、公園などのフリーなグリーンスペースが増える。結果、住民が運動する場が増えて運動意欲の高まりが期待できる。

ここで重要なのは、グリーンスペースを増設して終わりではなく、その後も継続して思考と実践が繰り返されることだ。利用者のニーズに応えながら、グリーンスペースに新しい意味が生まれたり、当初のターゲット以外の人々を巻き込みながらアウトプットが形づくられていく。例えば、グリーンスペースは運動のためのスペースにとどまらず、地域コミュニティの集いの場や、子育て世代の交流や子どもの遊びに必要な場としての意味を持つようになるかもしれない。アウトプットの形が常に進化していくイメージで、本書で用いる「進化」の考えに重なる。

システム思考は、複雑性を増す社会課題と解決へのアプローチ、そしてアウトプットとしての成果を整理することで、要素間の関係性の理解をサポートする。住民の健康問題には、コロナ禍で外出機会が減ったことが影響しているかもしれない。課題解決のプロセスもグリーンスペース創出の一択ではないだろう。アウトプットにも、物理的なスペースに加えて、健康状態を測る共通の指標が必要になるかもしれない。このような思考訓練と実践の繰り返しの過程で、個人、コミュニティ、組織、ビジネス、そして社会システムが持続的に成長する能力が培われる。長期的なビジョンと、忍耐強い取組みが必要だと分かるだろう。

3 ＳＤＧｓと社会課題をどう結び付けるのか？

誰のためのＳＤＧｓ？：ブリストル（イギリス）の事例

前述のとおり、ＳＤＧｓは問題の原因と、解決の手法や方法に着目する。ここでは、誰のためのＳＤＧｓなのか、誰のための問題解決なのか？について少し掘り下げたい。都市の持続性といっても、都市の構成員は多岐にわたる。一体誰を、あるいは何をターゲットにするべきなのか？

この問いについて、次章でご紹介する街づくり事例の１つ、イギリスのブリストルがとても分かりやすく整理している。ブリストルでは、街づくり戦略の中で示したビジョンやアクションが「誰にとって影響を及ぼすのか」「誰に対しての、どの領域のアクションなのか」を明確に定義した（図１・６）。

この整理で特徴的なのは、中心に住民がいるところだ。彼らを囲むように、場所と組織が、それぞれに関連する要素として繁栄と価値、地域と世界が設定されている。

〝住民〟の観点で特徴的なのは、ブリストル市民の多様なバックグラウンドだ。45の宗教的背景を持つ住民の中で91の言語が話されており、出身地域は１８７にも上る。今後移民の数は増加すると予想されているため、住民の多様性はさらに拡大する。多様性が複雑さを増すにつれて、コミュニティ間や隣人間での不平等性が課題となっている。住民のバックグラウンドの多様化に加え、高齢化も重い課題としてのしかかる。

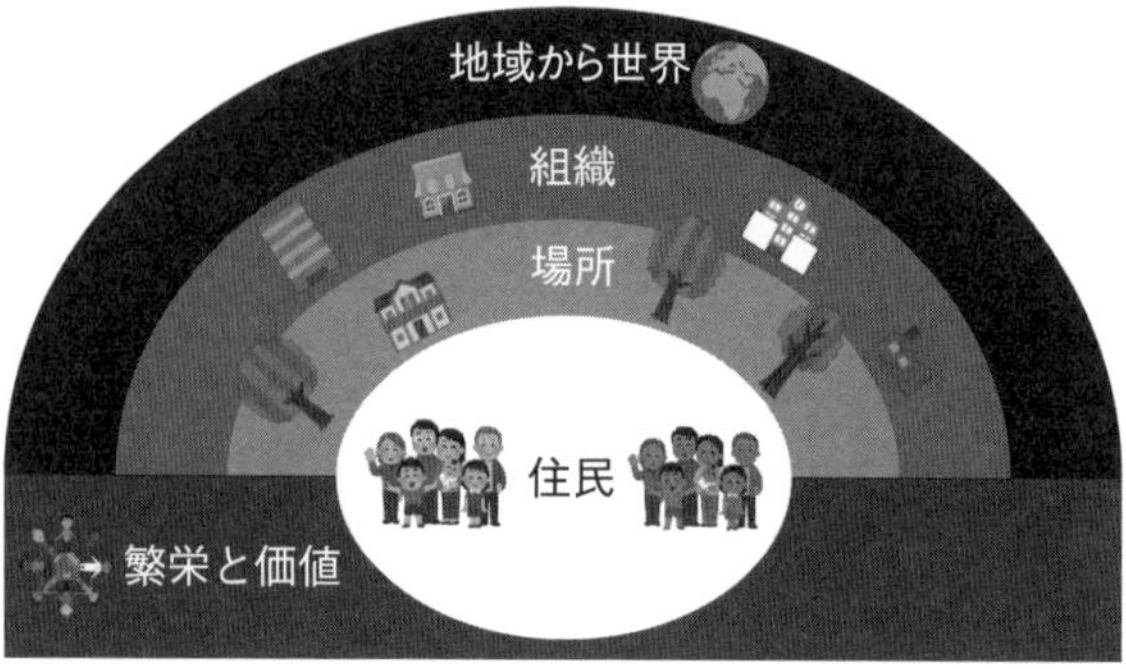

図1・6　ブリストルの社会課題の影響範囲とアクションのターゲット（出典：*BRISTOL RESILIENCE STRATEGY*, p.21をもとに作成）

2039年までに、90歳以上の住民が20％以上増えるとの予想もある。ブリストルは、住民が公平に、つながりを持ちながら活気ある都市生活を送ることを第一の目標に置く。

〝場所〟については、ブリストルは2015年に、イギリスの都市で初めてヨーロッパのグリーンキャピタルに選ばれた。2050年までにゼロカーボン都市になるという野心的な目標を掲げる。ゼロカーボンを達成するためには、住民の行動変容が欠かせない。環境に優しい住宅の供給や、16歳以下のバス利用の無料化などを通して行動変容を促している。街中には交通渋滞やインフラの老朽化という課題もある。

〝組織〟について、ブリストル市役所では、民族マイノリティをバックグラウンドに持つ住民を上級職へ採用している。市内で活動する草の根的なNPOや学術を担うアカデミア、第三セクター、青年会議所やブリストル市内の企業などを、パートナーシップづくりに欠かせない組織として認識し、協働の仕組みづくりに注力している。

〝住民・場所・組織〟を包括する階層として、〝地域から世界〟がある。ブリストルでは、地産地消、温室効果ガス排出量削減、ゴミ処理、地域通貨ブリストルポンドの活用などを通して、地域内で富の循環を促すことを目指している。地域における電力供給や食料供給は、地域の枠を超えて国や世界の動きと連動するため、国内外の都市との連携を強化している。ブリストルが最終的に目指す〝繁栄と価値〟は、GDPなどの経済指標では測れないと考え、従来とは違う視点でウェルビーイングや暮らしやすさ（Livable）の指標づくり、地域通貨の取組みを進めている。

ステークホルダー協働の中核を担う自治体の重要性

都市における持続可能性実現のためには、行政を取り巻く様々なステークホルダーとの協働が欠かせない、ということは世界の共通認識だ。冒頭ご紹介した2＋2＝5以上の観点につながる。いずれの都市においても、協働のハブとなって調整役を担うのは、日本でいうところの市区町村にあたる基礎自治体（以降、本書では自治体＝市区町村を指す）だ。多様な社会課題への対応を自治体単独で取り組むのは不可能である。一方で、住民に最も近く、住民のニーズを日ごろ肌で感じているのは自治体でもある。ブリストルの図（図1・6）は、協働のステークホルダーを整理する上で役に立つ。ステークホルダーとの協働といっても、やみくもに対話を実施するのではなく、必要なステークホルダーと戦略的に関係をつくりながら、目指すゴールの共通認識を深めていくことが大切だ。

ステークホルダーとの協働の推進役として、ニューヨーク（米）、サンフランシスコ（米）、ブリストル（英）、メルボルン（豪）などの自治体では、市長直轄の「サステイナビリティオフィス」や、「レジリエント・デ

自治体（市区町村）	ボランティア	国政府
救急	州・郡政府（都道府県）	EU政府
生活インフラ	メディア	国際機関
企業	住民	
NGO	大学・研究機関	

図1・7　SDGs達成のために巻き込むべきステークホルダー（出典：ヨーロッパの実践研究プロジェクトSMR（3章で紹介）の定義　https://smr-project.eu/tools/maturity-model-guide/をもとに作成）

リバリーオフィス」「レジリエンス・キャピタル・プランニングオフィス」が新設されている。これらのオフィスは、ステークホルダーを対象としたワークショップ活動やインタビューを通じて、各都市が抱えるストレスやショック要因（社会課題）の共通的な理解を深め、具体的なコラボレーションにつなげることをミッションとしている。次章でご紹介するように、日本でも様々なステークホルダーとの協働・共創活動が始まっている。

図1・7は、図1・6とは異なるアプローチで、都市の持続可能性を実現するために自治体が協働するべき13のステークホルダーを定義したものだ。

自治体・州などの広域自治体・国・EU・国際機関といった公的機関に加え、有事の際の医療や消防などの救急サービス、日常生活を支える電力や水道、交通などのインフラ事業者、メディア、ボランティア、NGO、住民、大学などの研究機関が名を連ねる。私たちの日常生活（都市システム）を支える主体たちだ。自治体は、これらの組織をつなぐハブとなり、ビジョンを示して全体のオーケストラを指揮する役割を担う。

4 レジリエンス＝ＳＤＧｓ実現の鍵？

「進化」を捉えなおす

本書では、ＳＤＧｓが目指す持続可能性を「都市の進化」と捉えている。進化についての理解を深めるため、レジリエンスの考え方にヒントを求めたい。

オックスフォード英英辞典によれば、レジリエンスの起源は16世紀初頭にさかのぼる。跳ね返る、はね上がって戻るという意味のラテン語 resilire が語源となっているようだ。その後様々な解釈が加えられ、色々な生活の場面で使われるようになった。日本では、心理学で多く使われ（折れないこころをつくる、落ち込みからの回復力、など）、広く一般に普及したのは２０１１年の東日本大震災の後だろう。そのため、レジリエンス＝災害のイメージを強く持たれる方がいるかもしれないが、世界ではもっと広義に使われている。国際的な研究の枠組みでレジリエンスが一般的に使われるようになったのは、生態学が始まりだ。レジリエンスのエッセンスを分かりやすく整理するため、生態学と工学における定義を簡単にご紹介したい。

生態学におけるレジリエンスの議論は、安定性を意味するスタビリティとレジリエンスを区別することから始まった。[*9] スタビリティは、「システムが元の状態に戻る能力」のことを、レジリエンスは、「システム間の関係性を維持しながらも、システムがダメージや衝撃を吸収しながら再構築され、持続していく能力」と定義された。いずれの考え方も、変化する外部環境への適応能力を説明しようとしているが、どちらの捉え方をとるかによってマネジメントの方法が全く異なる。

スタビリティは、均衡状態に重きをおくため、〝想定可能な〟世界の維持に努めようとする。図1・3では、イベントが起こる前の状態を均衡とした。均衡状態に影響を与えうる変動を可能な限り小さくしながら、元の均衡状態に戻ることを第一の目的とする。変動を可能な限りコントロールしようとする考えと理解していただいていい。変動＝リスクとも言い換えられる。

一方でレジリエンスは、均衡を左右する条件は常に変化することを前提として、めったに起きないレアなイベントが変化のトリガーとなり、システムが完全に崩壊してしまう可能性を念頭に置く。未来は〝想定外〟ということを認識して、変化を続ける未知の外部環境の中で、リソースの組み換えや再生産によって、システムそのものを再構築し、システムの持続性を図ろうとする。変動をコントロールするのではなく、変動と共存しようとする、と表現すると分かりやすいだろうか。この場合、イベントが起こる前の均衡状態にはとらわれない。選択肢を常にオープンに、全体像を見ながら、異質なものを受け入れ進化していく。

工学の分野では、「レジリエンス＝変化する環境への適応能力」という理解は共通しているものの、さらに細分化された議論が展開されている。ここでは主な4つの考え方を紹介する。[*10]

●レジリエンス1　元の状態に戻る：均衡状態を崩す外部環境からの影響を受けたコミュニティやグループが2つあったとき、どちらか一方が破壊の度合いやトラウマを乗り越え、よりスムーズに〝元の状態〟に戻ること（バウンスバック、リバウンド）ができた場合、よりレジリエンスが高いと言える。図1・3でいうところのフェーズ2、回復／解決までを指す。先の生態学での区別ではスタビリティに近い考えになる。例えば災害対応において、災害発生前の組織の状態（同じ人員、同じ命令系統）を維持しながら災害発生前の状態（通常勤務）に戻ることがレジリエンス1のイメージに近い。

●レジリエンス2　ロバストと同義：ロバストとレジリエンスは混同して使われることが多い。レジリエンス2は、予め想定された変動への対応を最適化する能力を指す。例えば、毎年冬に流行するインフルエンザは、ワクチンという予防策があり、手洗い・うがいを徹底することで、ある程度予防できることが分かっている。このような、リスクの内容について事前にある程度の知識があり、対処法が確立されている場合のシステムの能力をロバストと言うことがある。しかしながら、私たちが2020年から経験してきたように、新型コロナウイルスのような未知の変動に対しては、ロバストな仕組みは太刀打ちできない。変動について、事前に十分な理解があるかどうかが対応の鍵となるからだ。均衡状態へ戻ることを目指している点で、レジリエンス1に近い。日本でレジリエンス＝強靭（国土強靭化など）の文脈で使われているのは、ロバストの考え方に近いと言える。5mの津波が予測されるからそれ以上の堤防を建てて対応しよう、という考えだ。

●レジリエンス3　伸展性・伸縮性：伸展性・伸縮性は、システムが持つ脆弱性をカバーする能力だ。レジリエンス1との違いを単純化すると、レジリエンス1がボールを地面に落としたとき、そのまま落下開始地点まで直線的に戻ってくることを想定しているのに対して、ここで言う伸縮性とは、ボールが戻ってくる間に縦横に伸びて形を変えながら落下の衝撃を吸収していくイメージになる。この伸縮性は、システム内のリソースを増やしたり、組み換えをすることで可能となる。システムは伸縮しながら元の状態に戻っていくものの、その境界線は変化しない。つまり、ボールとしての丸い形を最終的に維持しながら伸縮をする。先の災害対応の例で言うならば、外部から応援人員を受け入れたり、土木を専門としない職員が土砂災害の現場調査に赴いたり、といった業務の組み換えをしながら対応することが伸縮性の考え方となる。

●**レジリエンス4　持続的な適応力：**レジリエンス3の発展形としての考え方となる。ここでの適応力は、システムの境界線までも変えながら、長期的に持続する。元の状態に戻ることを超えて、衝撃を吸収しながら長期にわたりダイナミックに変化し、環境の変化に適応し続けるシステムの能力を指している。先にご紹介したオープンシステムの話を思い出してほしい。図1・3の進化フェーズ、さらには外部環境の変化を受け入れ、自らを変革させるトランスフォーメーションの考え方に近い。

レジリエンス4の持続的な適応力が、本書が「進化」と表現する内容に最も近い。ちなみに、健康医学分野では、人間にとってストレスフルな刺激すらも、健康を高める素材として取り込む能力としてレジリエンスを捉える議論もある。[*11] ストレスは私たちに病的な影響を与えるだけでなく、上手く対峙することによって健康に寄与しうる。

ヨーロッパにおける実践

レジリエンスの考え方から、進化＝外部環境の変動に適応しながら、ときには自身の形も変えながら持続的に成長する、という本書のスタンスをご紹介した。都市を課題解決システム、そして価値創造システムと捉えるための基礎的な考え方となるので、頭の片隅に置きながら本書を読み進めていただきたい。本章の最後では、都市の進化をどのように測定するのか？という問いについて考えてみたい。

3章でご紹介するヨーロッパの実践研究プロジェクトでは、多くのステークホルダーの参画と、必要な政策の実行が両輪で回れば、進化の度合いを計測することは可能、との結論に達した。具体的には次の5つのレベルから成熟度を評価する。

レベル1：始まりのステージ

レベル2：取組みが進んだステージ

レベル3：取組みが市域を超えて、国を巻き込むステージ

レベル4：国域を超えて、ヨーロッパ全体を巻き込むステージ

レベル5：ヨーロッパを超えて、国際的なお手本となる最終ステージ

レベル1から始まり、レベル5に進むにつれて進化の度合いが上がっていく。レベル1では、自治体の1つの部署の取組みから始まり、医療や消防などの救急サービスとインフラ事業者がメインのステークホルダーとなる。レベル2に上がると自治体内部で部署間連携が行われ、NGOやボランティアなどの関与も始まる。レベル3では、さらにメディアや産学との連携が実現し、都市全体で目指すべきゴールや進化の考え方がステークホルダー間で共有される。レベル4になると、EUの政策決定者を巻き込み、国家の単位を超えた進化の取組みに昇華する。レベル5は最終ステージで、世界をリードする脊柱としての役割を担う、という意味が込められた。

身近なところでSDGs都市を考える上でのステージは、レベル1からレベル3になるかと思う。必要

な政策を実行し、ステークホルダーとゴールの考え方を共有し、幅広く住民を巻き込むことができると、レベル3に到達したと評価できる。次章でご紹介する事例の多くはこのステージに到達している。

5 本書の構成

本章では、SDGsが目指す持続可能性について掘り下げた。持続可能性に求められるのはシステムの進化である。トリプルボトムラインの考え方に基づいた包括的な持続可能性の理解と、レジリエンスの考え方からヒントを得た進化の捉え方をご紹介した。進化=個人、コミュニティ、組織、ビジネス、そして社会システムが、社会課題に適応しながら持続的に成長していく姿と捉える。

進化をどのように達成するのか?、SDGsのゴールに到達する方法論は何か?について、進化のメカニズムを内包する課題解決システムとしての都市という考え=「都市の価値創造システム」を提示した。システム思考とデザイン思考に基づき、社会課題をニーズベースで捉え、解決策の実践との反復を繰り返しながら進化する姿を描いた。生活を支える様々な主体が都市に集い、暮らしの中で生まれた課題に取組み(課題解決)ながら、新しい価値を創造していく。

2章では、世界のSDGs街づくり事例をご紹介する。課題解決の実践的な事例、アイデア例としてお読みいただきたい。

3章では、本章にも登場した、ヨーロッパの実践研究プロジェクトをご紹介する。SDGs実現をサポートするフレームワークや戦略・デザインの参考にしていただきたい。

４章では、「都市の価値創造システム」の原動力となるデジタル活用について理解を深める。デジタルトランスフォーメーション（ＤＸ）の考え方に基づいて、特にガバメント領域におけるデジタル化、データ活用がどのような価値を創造するのか展望する。

５章では、デジタル活用による価値創造の事例として、神奈川県藤沢市のFujisawa SST（サスティナブル・スマートタウン）と、福島県会津若松市のスマートシティの事例をご紹介する。各都市がどのような価値を創造しようとしているのか読み解いていただきたい。

６章では、５章までの展開を踏まえ、「都市の価値創造システム」が価値を生み出すメカニズム（仕組み）を説明する。今後日本が目指すべき社会像を構想し、デザインのエッセンスを提示する。


〈注釈・文献〉

1　Elkington, J.（1997）*Cannibals with Forks: The Triple Bottom Line of 21st Century Business*, Oxford: Capstone Publishing Ltd.
2　Janowski, T.（2016）"Implementing Sustainable Development Goals with Digital Government - Aspiration-capacity gap", *Government Information Quarterly* 33（4）, pp.603-613
3　United Nations, *Transforming our world: the 2030 Agenda for Sustainable Development* https://sustainabledevelopment.un.org/post2015/transformingourworld
4　ロックフェラー財団の urban resilience の定義による
5　Brown, T.（2008）"Design Thinking", *Harvard Business Review* 86（6）, pp.84-92
6　Baskerville, R., Pries-Heje, J., and Venable, J.（2009）"Soft design science methodology" in *Proceedings of the 4th International Conference on Design Science Research in Information Systems and Technology*, ACM: Philadelphia, Pennsylvania, pp.1-11
Beck, R., Weber, S., and Gregory, R.（2013）"Theory-generating design science research", *Information Systems Frontiers*（15:4）, pp.637-651

Kuechler, B., and Vaishnavi, V.（2008）"On theory development in design science research: anatomy of a research project", *European Journal of Information Systems*（17:5）, pp.489-504
7 Alexander, C.（1965）"A city is not a tree", *Architectural Forum* 122（1）, pp.58-61
8 Davis, G. B., and Olson, M. H.（1985）*Management information systems: conceptual foundations, structure, and development*（2nd ed.）, New York: McGraw-Hill
9 Holling, C. S.（1973）"Resilience and stability of ecological systems", *Annual Review of Ecology and Systematics*, 4（1）, pp.1-23
10 Woods, D. D.（2015）"Four concepts for resilience and the implications for the future of resilience engineering", *Reliability Engineering & System Safety*, 141, pp.5-9
11 斎藤環『人間にとって健康とは何か』ＰＨＰ新書、２０１６年

2 世界の都市におけるSDGs戦略

イギリス・スコットランドの中心都市であるグラスゴーの市庁舎。歴史を感じる荘厳な雰囲気

1 世界の都市に共通するアプローチとキーワード

社会課題の理解と、ゴールを共有する対話からスタート

本章では、ロックフェラー財団の「100 Resilient City（100RC）」プログラムに選ばれた都市を中心に、レジリエンスの観点を通したＳＤＧｓ戦略のエッセンスをご紹介する。[*1] 戦略には、都市をダイナミックな１つのシステムと捉えて、都市が現在直面する、そして将来遭遇する様々な課題に対応しながら、ＳＤＧｓのゴール群を達成し持続的に成長していくためのアプローチが記載されている。

１００ＲＣプログラムは、世界中から１００の都市を選定してレジリエンス戦略の策定支援を行うものだ。支援の中身は、ロックフェラー財団からの財政的な支援と、プログラムに参加する企業や団体（シスコやブリティッシュカウンシルなど）から無償でコンサルやリソースの提供が受けられる支援の2本立てとなった。１００ＲＣの選定都市は、ロックフェラー財団からの財政援助を活用して、ＣＲＯ（チーフレジリエンスオフィサー）を任命する。筆者はヨーロッパで、１００ＲＣに選出されたいくつかの自治体と仕事をする機会があった。各都市のＣＲＯは、都市工学・都市計画の専門家や学術出身者が多かった。各都市の首長やＣＲＯを中心とした、１００ＲＣ同士の横連携のネットワーク形成も、１００ＲＣプログラムの重要な目的だ。

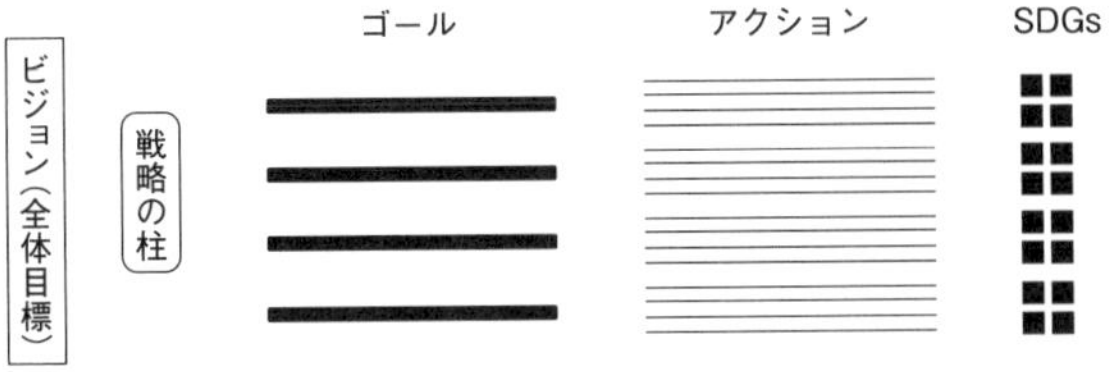

図２・１　レジリエンス戦略の主な構成（出典: *Rome Resilience Strategy*, p.24 をもとに作成）

１００ＲＣプログラムは、バックキャスト型（未来のあるべき姿から逆算して課題認識をしていく方法）とフォーキャスト型（現在の課題の定義と解決により未来を創る方法）の融合により、持続可能性を達成するためのアプローチやプロセスに着目する。戦略の細かな構成は各都市により異なるが、概ね、全体ビジョンに続いて戦略の柱となるスローガン（例えば、「つながり」「公平性」「ウェルビーイング」など）が複数掲げられ、それぞれの戦略の柱にゴールとアクションが紐づく。各ゴールとＳＤＧｓの17のゴールとのリンクも明記される（図２・１）。

戦略策定は、都市が抱える課題は何か？について住民との共通の理解や認識を醸成するところから始まる。ロックフェラー財団の狙いは、都市を構成する社会システム間の相互依存性や、社会課題間の関係性について理解を深め、外部環境の不確実性に立ち向かう都市の進化の能力を養うことだ。

前章でご紹介したイギリスのブリストルは、レジリエンス戦略を策定した際、持続可能な社会をつくるために解決するべき身の回りの社会課題について関係者間で理解を深め、共有することを最重視した。住民を含むステークホルダーと１５０に上る会合やインタビューを実施し、17の公開イベントと21のワークショップを開催した。これらの機会に参加したのは１６００名あまり。３章でご紹介する欧州の実践研究プロジェクトでも、ステークホルダーとの対話を何度

図2・2　ノルウェーのクリスチャンサンドで実施したワークショップの様子（2017年9月）
（出典：http://smr-project-test. appspot. com/RPKristiansand. page）

も繰り返した（図2・2）。

キーワードは多様性、市民参加、コミュニティ、自然との共生、健康、協働、共創、デジタル、信頼、オープン、インフラ

社会課題に関する共通理解を醸成する過程では、「どのようなビジョンやアクションが都市の適応能力を高めるのか」を考えることになる。ここで各都市の取組みに共通するキーワードは、多様性、市民参加、コミュニティ、自然との共生、健康、協働、共創（co-creation/one team）、デジタル、信頼、オープン、インフラ――である。

特に欧米豪の都市では、移民が増加傾向にあり、住民の出生地や文化が多岐にわたるケースが多い。多様化する住民を、いかに1つの都市のアイデンティティに紐づけるのか、街に愛着を持ってもらうのかが課題となっている。戦略の中で、多くの都市が〝協働・共創〟を大きなキーワードとして掲げ、住民のみならず、企業やNGO、大学や第三セクターなどのステークホルダー連携により課題を解決していく姿勢を鮮明にしている。協働は異なる主体間のコラボレーションを指す。共創はco-creationやone teamというスローガンとともに使われることが多く、未来の街づくりの手法として用いられている。

　変化する外部環境に適応しながら持続的に成長する街づくりには、デジタル活用が欠かせないというのも、世界共通の認識となっている。例えば、ブリストルでは、街中のセンサーから取得したリアルタイム情報の活用に基づいた意思決定や、市民と行政間の情報の非対称性の解消を進めている。デンマークのヴァイレでは、ＩＴベンチャーの育成、市民にとって使い勝手の良いデジタルインフラの整備、そしてオープンデータ戦略の策定や大学との協働によるファブラボの取組みを強化する。オープンデータは、行政が保有するデータを第三者が利用可能な形で公開することだ。協働・共創の手段として用いられている。行政に対する信頼を、オープンな情報活用により回復させる狙いもある。ファブラボは、デジタルからアナログまで多様な工作機械を備えた、ものづくりの市民工房。個人による自由なものづくりの可能性を拡げ、「自分たちの使うものを、使う人自身がつくる文化」の醸成を目指す。[*2]アメリカのニューヨークでも、ファブラボやＩＴスタートアップ支援のほか、非緊急用の行政総合ダイヤル３１１のデジタル化が始まっている。サンフランシスコでは、行政サービスのオンライン化を目指し、２０２５年までに90％以上の申請をオンライン移行する目標を立てた。いずれの都市でも、市民のデジタルリテラシー教育に力を入れる。

　都市の緑化や環境負荷の低いエネルギーを使った生活環境の整備も各都市に共通する取組みだ。街の緑地化は気候変動への対応力を上げるため、低負荷のエネルギーは都市の持続性を高めるために重要だと位置付けられている。

　各都市に共通するキーワードを踏まえながら、本章では、①共創とガバナンス、②経済のトランスフォーメーション、③ウェルビーイングとコミュニティ、④気候変動・自然災害・人口減少、⑤デジタル活用の5つの観点から、各都市の戦略をご紹介する。それぞれの都市が抱える社会課題には多様性があり、解決に向かうアプローチも様々であるが、戦略を読み込むと、各都市が強調する課題や重視する解決策の特色が見えてくる。

2 共創とガバナンス

事例紹介の最初のカテゴリーは、共創とガバナンスだ。1章でご紹介した2＋2＝5、もしくはそれ以上の考えを思い出していただきたい。長期的なパートナーシップに基づいた経済・社会・環境活動の実践であり、競争から共生・共存へのパラダイムシフトにつながる。

共創の観点でご紹介するのはデンマークのヴァイレ、日本の鎌倉市、オーストラリアのシドニーだ。ヴァイレは多世代間のつながりや子どもの教育を重視し、デジタル活用にも力を入れる。鎌倉は、「共生社会を共創する」をスローガンとして地域や人々のつながりを創出し、見える化、深化させる取組みに注力している。シドニーは、「Oneシティ」を掲げて社会課題に共に立ち向かう姿勢を打ち出した。

共創の実現に向けて、自治体がさらなる説明責任を果たし、様々なプレーヤーが集い活動するための土台としての役割を果たす必要がある。この観点をガバナンスとして捉え、ギリシャのアテネとイタリアのローマをご紹介する。アテネではデータに基づいた政策決定、透明性と説明責任の向上を掲げた。アテネＩＤ

の導入による一体感の醸成と、文化産業を軸とした人や組織のネットワーク構築に取り組む。ローマでは、巨大化しサイロ化した行政組織の打破に向けたコミュニケーション活性を掲げ、データ活用による情報の一元化に取り組んでいる。

ヴァイレ・デンマーク —— *Vejle, Denmark*

緑と水に囲まれた美しい街では子どもとの対話を大切に

デンマークは、首都コペンハーゲンが位置するシェラン島をはじめ、400を超える島々から構成されている。ヨーロッパ大陸側の、ドイツと国境を接するユトランド半島の南部に位置するヴァイレは、北欧諸国から唯一100RCに選ばれた（図2・3）。〝皆が共に、持続可能な街〟をスローガンに、2016年に戦略を策定した。注力する分野は市民参加、デジタル化、そしてソーシャルレジリエンス構築の3つ。人口規模は11万人程度。〝小さな街が、大きな社会課題を解決する〟ことを高々に謳う。

ヴァイレは、デンマークの昔の言葉で〝フィヨルド〟を意味する言葉が由来となっている。12世紀、ヴァイレ川の支流にある谷間に人々が住み着いたころから、水は常に街のシンボルであり、生活の一部にある。ヴァイレには、近年、IT企業やクリエイティブビジネスを手掛けるスタートアップ企業が多く誕生し、街の経済とイノベーションの源泉となっている。特に、スマートシティ関連のサービスが数多く生まれてい

図2・3　水に囲まれたヴァイレの街。船を所有する住民も多い（2016年撮影）

る。2012年には、デンマーク国内で最も難民との社会的結合が進んでいる街として表彰された。

　歴史的に水とともに生きてきたヴァイレでは、近年洪水リスクが増加している（図2・4）。ヴァイレでこれらの課題に取り組むハブ的な役割を担うのは、VIFINと呼ばれる市役所内の組織だ。[*3] VIFINは、市役所外の組織との連携や外部資金によるプロジェクト推進のために2002年に誕生した。特に子どものデジタル教育に力を入れている。筆者が一緒に仕事をしたVIFINのチームは、出張のとき、常にブリキのおもちゃを持ち歩いていたことが印象深い。プロジェクト活動で訪れる土地土地で、ブリキのおもちゃ目線の映像を、子どもの教育コンテンツ用に撮影していた。そして、新しい土地で新しいおもちゃを見つけては買っていた。デジタルとブリキのおもちゃは一見つながらないように感じるが、子どもとのコミュニケーションツールとしておもちゃを使う発想

ショック（短期的課題）とストレス（長期的課題）

・気候変動と洪水リスク（洪水、ゲリラ豪雨が多数発生）

・都市化（交通量の増加が自然環境に与える影響）

・インフラへのニーズ増加（デジタルライフを支えるIT含む、既存インフラの老朽化）

・産業構造の変化、グローバルエコノミー（地域雇用への影響）

・人口動態の変化（社会的結合の弱体化）

図2・4　ヴァイレのショックとストレス

が斬新で、子どもを大切にする北欧らしいな、と感じたことを覚えている。

市民間のつながり、自律心、安心・安全を創り出す

ショックとストレスへアプローチするためにヴァイレが掲げたのは、①共創が生まれる都市、②気候変動に柔軟な都市、③ソーシャルレジリエント都市、④スマートな都市の4つの柱だ。

●共創に最も注力：戦略の柱の中でヴァイレが最も力を入れているのが、域内外の公民セクターとのパートナーシップづくりである。VIFINのイブ・ジェスパースガード氏は、「ヴァイレの持続可能性に1番大切なのは、市民のエンゲージメントと共創」だと語る。[*4] 例えば、ウェルフェア（福祉）ラボラトリーを立ち上げて、施設に住んでいる障害のある市民と各分野のエキスパートの交流促進を支援している。交流を通じて、彼らの抱える課題に一緒に取り組む。2017年にはアート祭を開催して、2050年の街の姿を市民参加によるアートの形で様々に表現した。

街の西のおよそ80万㎡を占めるロスボーグと呼ばれるエリアを再開発し、ヴァイレが抱えるショックやストレス、それらの解決法などを展示するエキスポの設置と、様々なステークホルダーとの協働による解決策の実践場

（リビングラボ）をつくる計画がある。２０４０年代の完成を目指している。

●**水管理と自転車促進**：ヴァイレにとって歴史的に重要な水は、近年の気候変動により、災害のリスクを生み出す街のショック要因となっている。街が面するフィヨルドは、２０５０年までに25cm、２１００年には69cm上昇すると試算されている。人々が集まるフィヨルドに面する水辺を再開発して（ちょうど図２・３のあたり）、水位コントロール設備を備えることで、水害のリスクを最小限に抑えようとしている。また、毎年夏に開催される水祭りを通じて市民の水に対する意識を啓発する。

デンマークは自転車大国としても知られている。多くの人が日常的に自転車で通勤し、そのためのインフラ（自転車専用道）もしっかりと整備されている。自転車の使用は大気中のCO_2排出を減らし、市民の健康とウェルビーイングを向上させるので、街の中心部を自転車中心の交通に切り替える計画がある。ガソリン車を自転車に置き換えることで、ガソリン車が街を走る際の社会的コストを減らせると試算している。自動運転車によるモビリティ実験や、ごみ回収車の燃料をバイオ燃料へ切り替え環境負荷を減らしたい考えだ。

●**移民、多世代のつながりを強固に**：増え続ける移民との融合や、街の安心・安全の確保、若い世代と社会とのつながりを強固にするために、「共有可能なリソースをみんなで一緒につくっていく」ことを目指している。

「誰がオーケストラをコントールしているのか？」というユニークな名前の付けられたプログラムでは、市内の警察、学校、看護師、若手実業者や市役所のカウンセラーが共同で、犯罪撲滅や不審者特定のための共通のツールやプログラムを開発する。「育てるヴァイレ」と名付けられた市民農園プログラムでは、自宅に庭を持たない市民に農作物を育てる土地を貸して、環境負荷の小さな有機作物を栽培する機会を提供している。市の中心部にはスケートリンクを併設する「大使館カフェ」があり、ヴァイレ市民の多様なバックグラウンドの理解を促進するスペースとなっている。

新しくヴァイレに引っ越してきた市民がより街になじめるように、隣人が一定期間相談役を務める仕組みをつくったり、子どもを持つ親を対象とした子育てスキル向上プログラムを実施したり、18歳以下を対象とした悩み相談会を開催したり、13歳から16歳の児童が消防署で消防士体験をする機会をつくったり（子どもの自信と自律心を育むこと、コミュニティの精神を学ぶことが目的）、市民同士、特に若い世代と社会のつながりをつくるために様々取り組んでいる。

レジリエンスラボデンマークにより新しい街の価値を創出

ヴァイレが手掛ける取組みには、「官民協働の場」づくりが多くある。その中の1つに、レジリエンスラボデンマークがある。リビングラボ形式で、物理的な実験の場としてつくられたヴァイレレジリエンスハウスを拠点に、気候変動に対応するための新しいアイデアやサービスを試している。異なる専門知識を持つ人々が集い、民間、行政、研究機関、第三セクター間の〝知識のハブ〟としての機能を担う。ファブラボを大学と協働で行ったり、プログラミングが学べるロボットマシンセンターも設置した。

ヴァイレの戦略の根底にあるのは、単にソリューションを見つけるための対話ではなく、住民が何を愛していて、どんなことを素晴らしいと思い、何から日々のインスピレーションを得るのか、という問いに基づいた対話だ。先にご紹介したブリキのおもちゃのエピソードはこの考え方を色濃く反映しているだろう。人々にとって価値のある人生とは何かについての理解や、人々の願い、地域コミュニティの観点が抜けた議論には持続性が期待できない、と提起している点が素晴らしい。

鎌倉・日本 ―― *Kamakura, Japan*

伝統と革新により街の新しい魅力を創造

鎌倉市は、およそ40㎢の面積に17万人が暮らす。市域の3分の1が緑地という、山と海に囲まれた風光明媚な街である。新型コロナウイルス以前は、年間2000万人を超える訪問客が訪れる人気の観光地でもある。2018年には内閣府のSDGs未来都市/自治体SDGsモデル事業に選定された。[*5]

市内の高齢化率は30%を超えており、今後も人口の減少と高齢化が進む。2040年の将来人口は15万人台まで減少し、生産年齢人口は7万6000人になる（2015年から2万人以上の減少）と推計される。鎌倉市は税収に占める個人市民税の割合が高い。市内に拠点を構える事業所は多くなく、法人税は個人市民税の1割程度だ。少子高齢化により個人市民税が減少すると考えられるが、市街地には民間事業所を誘致できる土地は少ない。直近の数値では、人口は数十人単位ではあるが社会増となっている。鎌倉を代表する観光産業から関係人口をつくり、鎌倉で働いて暮らすライフスタイルを発信し、移住につなげたいと考えている。

2019年の秋に関東地方に上陸した台風15号により、倒木、土砂崩れ、停電などが発生し、甚大な被

ショック（短期的課題）とストレス（長期的課題）

・人口減少	・インフラ老朽化	・市内の移動手段の整備
・高齢化	・気候変動・自然災害	

図2・5　鎌倉のショックとストレス

害を受けたことから、激甚化する自然災害への備えも大きな課題の1つとなっている。2018年の8月には、市内の由比ガ浜海岸に生後数か月のシロナガスクジラの赤ちゃんが座礁する出来事があった。直接の死因とは関係がなかったものの、胃の中からプラスチックの破片が見つかり、地元住民に少なからず衝撃を与えることになった（図2・5）。

共生社会を共創する

鎌倉市のSDGsに向けた取組みのキーワードは、「共生」だ。2020年に策定した第3次鎌倉市総合計画の第4期基本計画の目玉として共生・共創・SDGsの概念を盛り込んだ。市民1人ひとりがお互いを尊重し合い、支え合い、多様性を認め、自らが望む形で社会とのかかわりを持ち、生涯にわたって安心して自分らしく暮らすことのできる社会を共生社会と定義した。[*6] 広義には、環境との共生も含まれる。共生社会を様々なステークホルダーとの共創で実現する、という強い思いが込められている。

●**ゆるやかな集まり（市民対話）で顔の見える関係づくり**：SDGsの取組みを進める市の担当者は、「ステークホルダーと一言で表現しても、具体的にそれが誰なのか、分かるようで分からなかった部分がある。SDGsの推進についても、何を誰とやるのか？が中々表に出てこなかった」と話す。

市民や事業者という言葉でひとくくりにしていたステークホルダーとの顔の見える関係づくりを重視して、計画策定に市民の声を取り入れるために始まったのが、「市民対話」の取組みだ。[*7] テーマは2030年の鎌倉を「ともに考え、ともに創る」。第1回は2018年12月に開催された。2018年以前も市民との対話の機会を設けていたが、計画に市民の声を取り入れることを目的として、その後のアクションまでは対応していなかった。2018年以降の「市民対話」では、参加者1人ひとりがアイデア達成のためにアクションをすることをセットにして、これまでとは異なる趣向を入れたことが特徴的だ。第4期基本計画の策定に向けた市民対話は2018年~2019年に4回開催し当初の予定を終えたが、「対話の機会は市役所で設定してもらった方が参加しやすい」との市民の声があり、市民対話の「おかわり」企画として2019年以降も継続的に実施されている(2021年3月時点でおかわり4杯目まで開催)。参加者は10代~80代と幅広く、テーマによって毎回参加者の顔ぶれが入れ替わるため、市民のつながりづくりに一役買っている。

市民対話の中でMy避難所、市民でつくるバスルート、もったいない食堂、空き家めぐりツアー、空き家でアーティスト・イン・レジデンス、駄菓子屋deつながろう、市議会子ども参加DAY、宿泊型の防災訓練STAY&SAFEなど11のプロジェクトが提案された。

2020年の末には、SDGsについてもっと取組みの機会を増やしてほしい!という市内の小学生の要望に応えた「鎌倉市SDGs推進隊」[*8]のキックオフイベントが行われた。市内のとある小学校の給食の時間に市長がお呼ばれをして、子どもたちからもっとSDGsの取組みを進めたいので機会をつくってほしいとお願いされたことが推進隊発足のきっかけだ。キックオフイベントには25人の小学生が参加して、か

図2・6　まちの社員食堂で食事を提供する飲食店の一覧（2021年撮影）

まくらジュニアＳＤＧｓ宣言を作成した。市長だったら鎌倉をどんなまちにしたい？そのために今日から何をしますか？などについて皆で考えるワークショップを行った。参加者からは、「残飯を減らします！」「みんなを大切にします！」などの宣言が提出された。

●つながりを深化させる「まちの○○シリーズ」：共生社会の共創実現の一環として、鎌倉市に拠点をおく面白法人カヤックが中心となって手掛けるのが「まちの○○シリーズ」だ。[*9]「まちの社員食堂」は、鎌倉市内の50のお店が週替わりで食事メニューを提供する、鎌倉で働く人のための食堂（図2・6）。誰でも利用することができるが、会員企業には割引価格で提供される。鎌倉市役所も含めて20以上の市内事業者が会員になっている。カヤックと鳩サブレーで有名な豊島屋が一緒に「まちの保育園　鎌倉」を手掛けたり、鎌倉に拠点を置く企業の人事採用を一緒に行う「まちの人事部」プロジェクトも走っている。

2021年1月からは、新たにSDGsつながりポイント事業（「まちのコイン」クルッポ）が始まった。換金性のない地域通貨で、コインを使えば使うほど地域の人との〝つながり〟をつくれる仕組み。専用のアプリをダウンロードして、地域のつながりを活かしてコインをもらったり使ったりする。まちのコインの流通量＝地域に関係する人々の仲の良さの指標[*10]として、街やお店のファン、関係人口の創出につなげたいと考えている。まちのコイン・クルッポの事業は既に全国の自治体で導入されていて、2021年から新たに鎌倉市の事業として実施するものだ。今までとは違う観点から人のつながりをつくり、最終的にはつながった人々と共にSDGsや「鎌倉」の街づくりに取り組んでいきたい、という狙いがある。

地道な活動の積み重ねで共創を実現

鎌倉は、古都としての文化を守りつつ、常に新しいものを受け入れて、伝統と革新を繰り返しながら発展してきた。現在は〝ウェルネス〟をテーマに、市有地やJR大船工場の跡地およそ約32haの開発計画が進んでいる。JRの新駅も建設されることになり、市役所の移転も計画されている。行政機能の中心が移動したとしても、鎌倉が大切にするのは人と人とのつながりであることに変わりはない。市の担当者は、「協働・共創の取組みは、市役所の通常業務では中々経験する機会の少ない貴重なもの」だと語る。市民対話に先行して始まった、リビングラボの取組みなどから職員が得た経験の積み重ねが生きているという。

2019年の台風15号の停電時には、地域住民同士で冷蔵庫の中身を預かりあう光景があった。様々な実践プロジェクトを通して、地域や人のつながりを創出し、見える化して共創の土台につなげることを目指し、日々新たな挑戦に挑んでいる。

シドニー・オーストラリア —— *Sydney, Australia*

自然災害、パンデミック、サイバー攻撃、インフラ断絶、金融機関の倒産、テロの脅威を経験

シドニーは1万2000㎢の市域に人口500万人、オーストラリアのGDPの約4割を生み出す経済の中心地である。世界で最も多様性のある都市であり、住民のおよそ4割がオーストラリア外で生まれ、彼らの文化的背景は200を超える。[*11] シドニーの南西部には若者が多く、北東部には高齢者が多く住んでいる。失業率は全国平均を下回る5%ではあるが、貧困率はオーストラリアの主要都市の中で最も高い15%となっている。シドニーが戦略の策定に着手したのは2015年。市や州政府の職員、ビジネス、アカデミア、コミュニティサービスなどから1000人を超える人々が参画して、3年かけて完成した。

シドニーのCROに任命されたベック・ドーソン氏は、前職では民間企業でコーポレートサステイナビリティに関するマネジャーを務めていた。地元メディアにも登場し、名の知れた存在でもあった彼女は、シドニーの切迫した脅威について、住宅供給、交通システム、公平性の確保を挙げ、地域コミュニティが共に気候変動に立ち向かうことが重要だと述べている。[*12]

気候変動については、特に熱波と豪雨、それに伴う山火事と洪水が大きな脅威となっている（図2・7）。

ショック（短期的課題）	ストレス（長期的課題）
・異常気象（熱波・豪雨）	・医療サービスへの需要
・インフラの脆弱性	・住宅供給
・金融危機	・社会的結合（ソーシャルコーヒージョン）
・水資源の枯渇	・雇用の多様性
・デジタルネットワークの断絶	・不平等
・テロ攻撃	・持病、慢性病
・パンデミック	・交通手段の多様化
・サイバーアタック	・ドラッグとアルコール依存

図2・7　シドニーのショックとストレス

これらの脅威は別の課題の要因にもなっていて、例えば熱波はエアコンの需要増を引き起こし、電力供給を不安定化させる。電力不足による社会インフラの停止、通信ネットワークの断絶が起こると、人々が助けを求めるコミュニケーションツールを失ってしまう。あるいは、熱波によって人々が外で運動できなくなり、生活習慣病が増加、医療サービスの負担増につながる可能性がある。一方で長期的な課題（ストレス）の多くは、移民含めた人口の増加に起因する。シドニーの戦略は、課題同士の相互依存性をいかに理解するかが鍵だと訴えている。

人口増を支える社会インフラ構築と街の冷却化

シドニーの戦略は、〝持続可能性〟という1つのビジョンに基づいて、①人々が中心の街、②異常気象と生きる、③つながる、④備える、⑤Oneシティの5つのスローガンを定めた。SDGsの各ゴールとの関係性を明示して、スローガンごとに複数のアクションを設定した。

●**公平性に配慮した社会インフラ構築**：2036年には人口が

650万人に迫ると試算されている。特に西部と若者が多く住む南西部に市民のおよそ半数が住むことになると予想されている。これらの地域では、公共交通システムの整備が追い付かず、人々は移動を車に頼らざるを得ない状況になっている。病床もほかの地区に比べ10%低く、教育を受ける人の割合が低い、雇用機会の減少している製造業に従事する住民が多い、などの強い地域特性がある。今後予想される急激な人口増加を支えるための、インフラ、交通、教育や医療サービスの拡充に取り組む。

人口増加とともに高齢化が進み、65歳以上人口と15歳以下人口がおよそ100万人ずつになる。60万戸の住宅と、70万件の新しい仕事が必要になると試算されている。[*13] シドニーが抱えるショックとストレス要因を理解し、コミュニティのニーズを明らかにするためのワークショップを実施して、地域間の不平等の解消の糸口を探ろうとしている。

●異常気象への備え：シドニーは過去に自然災害やパンデミック、サイバー攻撃、インフラ断絶、金融機関の倒産、テロなど様々なリスクにさらされてきた。年々平均気温が上がり、豪雨は甚大化して頻度も高くなっている。熱波や森林火災なども激甚化の傾向が続くと予想されている。環境への影響のみならず、人々の健康や、経済全般への影響が大きい。今後どのような異常気象に襲われるとしても、人々の暮らしの質を落とさず適応能力を培わなければならない。

地域全体の気象リスクを軽減させるため、まずグリーンスペースの増加を掲げている。10%森林を増やすと、地表の温度を約1℃下げることができると言われているためだ。また、〝クールスコア〟を導入して住宅や道路を冷やす取組みを進める。

デジタル活用にも積極的に取り組んでいる。赤十字などが開発した、災害の知識を深めるための啓発アプリ（Get Prepared）を導入する。アプリを通して住民は、緊急時の連絡先を確認したり、住居の周辺エリアに関するリスクを可視化したり（ハザードマップ）、緊急時の行動チェックリストを入手することができる。

●コミュニティを強化しOneシティを目指す：シドニー市民の約4割が自宅で英語以外の言語を話し、2割弱が英語力に自信がないとのデータもあり、市民の文化的背景は多様化している。市民の中には、自身の出自を理由として、日常で不快な経験をしたことがあると答えている人が約3割で、同じオーストラリアの主要都市であるメルボルンよりも倍近い数値となっている。一方で、5割の人が自分以外のシドニー市民を信頼できると答えている。*13

社会的結合や孤独、幸福度の測定には、これまで様々な組織が関与しており指標がバラバラだったため、シドニー全体で測定の考え方やツール、指標の統一化を図る計画がある。シドニーと一言で言っても、日常のオペレーションは日本でいうところの都道府県、市町村、特別区などの異なるガバナンスが複雑に絡み合いながら動いている。活動の重複もあれば、担当者同士が顔見知りではなく、情報の共有がなされていないケースもある。民間ビジネス、地域コミュニティ、アカデミアやメディアなど、行政外の様々な組織もシドニーを形づくる構成員である。「シドニーは1つのコミュニティである」というメッセージを発信するため、シドニー市内の全ての行政組織、企業、大学、コミュニティセクターなどからなるOneシティチームを結成する。まずは市内の100の組織をつなぐことを目指す。新設されたレジリエントシドニーオフィスが中心となり、ドーソン氏が掲げた共に立ち向かう力をつけるため、シドニーが抱える課題の理解を共有し、各組織が担う役割の明確化、行動計画の作成、人材育成を協働で実現する。

協働のファシリテーターを設定

シドニーの戦略で特徴的なのは、35のアクションプランに、〝ファシリテーター〟と〝コラボレーター〟が設定されている点だ。コラボレーターとして協働の相手を定義している都市は多いが、ファシリテーターを定義している都市は少ない。誰と協働するかも大切だが、〝誰が〟協働をコーディネートするかも、実践の過程では重要となる。ファシリテーターは必ずしも行政組織とは限らず、Oneシティの構成組織が役割を分担する。常に全体の状況を見渡しながら舵取りをする、オーケストラでいうところの指揮者に該当するのが、市役所内に設置されたレジリエントシドニーオフィスだ。

課題間の相互依存性（例えば、コロナ対策のマスクが熱中症の原因になるなど）の正しい理解を重要視していること、異なるガバナンスのレイヤー間で使われている指標やツールの統一化、二重三重行政を防ぐためのファシリテーターの設定が、シドニーの戦略が優れている理由である。

アテネ・ギリシャ —— *Athens, Greece*

経済危機とインフラ老朽化、行政への信頼が欠如

ギリシャの首都アテネは、プラトンをはじめとする偉大な哲学者が生まれた街であり、都市や民主主義の発祥の地として知られている（図2・8）。アテネ市の人口は66万人程度だが、アテネを中心とする地域圏（自治体の数でいうと全部で66）には350万人が暮らす。ギリシャの総人口が1000万人程度なので、人口の約3分の1がアテネ都市圏に集中していることになる。なお、ギリシャ全土には、325の自治体がある。

ギリシャと聞くと、2010年の経済危機を思い浮かべる方も多いと思う。経済危機に端を発した雇用の不安定、収入の減少、個人債務の増加はアテネの大きな負の遺産となっている。加えて、気候変動による災害のリスクも年々高まっている。市内の建物は、1960年代から80年代に建てられたものが半数以上を占める（かつ、複数階建ての建物が97％）。こうした建物には、異常気象に対応できる設備が整っておらず、ヒートアイランド現象によって市民の23％が電力不足に陥ると推定される。市内の気温が1℃上昇すると、電力消費量が4・1％増えて、小売店では10％の売り上げ減が生じると予想されている（図2・9）。

アテネの戦略は住民やステークホルダーとのグループディスカッション、フォーカスグループインタビュー、ワークショップ、カンファレンス、オンライン調査などを通じて100を超える組織と1000人弱の住民の参画を得て策定された。

図2・8　世界遺産のパルテノン神殿を擁するアテネ（2017年撮影）

オープン、グリーン、プロアクティブ、活気がキーワード

アテネが抱える課題に対応するための4つのキーワードは、オープン、グリーン、プロアクティブ、活気である。取り組みに分野横断的に関わるのは、都市再建、ゴミ処理、観光経済、社会福祉、IT、エネルギー、文化、公共施設といった市役所内の部署だ。[*14]

●データ活用により行政の透明性確保と説明責任を果たす：行政に対する住民の信頼感を少しでも向上させるため、オープンデータを活用して透明性が高く、よりレスポンシブ（対応の速い）な都市への進化を目指す。具体的には、デジタルレポジトリの設置、オンラインカレンダーを使って市内の工事情報などを共有、センサーを使った燃料／廃棄物マネジメントモニターシステムの開発、市内12万本を超える樹木の成長データベースの作成などを検討している。市民の生活の質を上げるサービスを提供するため、スマートオペレー

ショック（短期的課題）	ストレス（長期的課題）
・地震、温暖化、大気汚染 ・デモの増加（2011年から2015年まで1日平均15件） ・サイバー犯罪（世界の他の都市と比べても高い確率）	・経済状況（2017年のアテネ地区の失業率は22.7%） ・インフラ老朽化（古い建物が多い） ・難民（ギリシャ全体で、2016年までに6万人を受け入れ。2万人がアテネに住む） ・信頼の欠如（透明性や説明責任の欠けたガバナンスが続く）

図2・9　アテネのショックとストレス

ションセンターを設立し、市民からのリクエストや苦情のデータ化と市内の交通状況などをリアルタイムに把握する体制をつくる計画だ。

協働とエンゲージメントにも力を入れている。アテネ市内のNGOや第三セクターなどの関連ステークホルダーはおよそ160団体ある。ステークホルダーとのつながりを活用して、文化・スポーツ・コミュニティイベントを活性化し、経済・社会・環境へのインパクトを測定する。また、文化遺産保全に関わる組織をつなぐアテネ文化ネットワークを構築する。

市内には市民が活用できる公共スペースが十分でないため、オープンスペースを地図で見える化し探しやすくすることも検討している。

●**自然との共生、グリーン産業の推進**：アテネ市内は緑にあふれ自然資源に恵まれている一方で、毎年のように、気候変動による熱波や洪水、大気汚染に悩まされている。グリーン（緑）／ブルー（水）インフラストラクチャーと呼ばれる市内の緑地や公園、屋上庭園、小さな区画の農地、生ごみの堆肥化、噴水などを充実させながら、自然資源のマネジメント能力を向上させたい考えだ。

データに基づいた廃棄物マネジメントにより市内の公共スペー

スをより綺麗に、かつ騒音や大気汚染を減らすことにも注力する。アテネに住む市民だけではなく、毎年400万人近い観光客が捨てるごみの処理にも対応すべく、外部のパートナーと共に、データに基づいた効率的なリサイクル／リユースプログラム、サーキュラーエコノミーの推進などを掲げる。

グリーン資源への投資とゴミ処理に加えて、持続性のあるモビリティ（移動）システム、食料システム、エネルギーシステムの確立を目指している。車での移動による大気汚染を改善するために、電気バスの運用、自転車道を整備する。食料システムについては、地産地消の促進を目的としたフードマーケットの開催、食料ゴミゼロの取組み、学校での食育プログラムを開発する。エネルギーシステムについては、市内の設備が十分でない古い建物への対応と、異常気象時の需要増に対応するための生産能力の向上を重視している。

●コミュニケーションと市民アイデンティティを強化：行政と住民とのコミュニケーションには課題があり、直近1年間で、行政サービスを通じて市役所と接点があったのは市民の3割にすぎないという調査結果がある。オンライン／オフライン両方を使ったコミュニケーションを展開してつながりを強化し、災害対応のための教育プログラムなどを通じて信頼性を高める必要がある。

安全に暮らすことのできる近隣環境をつくるには、行政と住民の関係だけではなく、住民同士のつながりを強固にすることが重要となるため、学校の施設を市民に開放し、文化・スポーツの取組みを促進する。地域コミュニティの声をエンパワーしながら、アテネ都市圏を代表する自治体の首長たちの対外発信力を高めることをゴールに据えている。アテネ市だけの政策の取り組みではなく、近隣自治体との連携を重要視（特に地震災害のときに連携が重要となる）している。

アテネ市民や移民のバックグラウンドは多様化しているので、アテネ市に対する帰属意識を新しい形で持ってもらう取組みとしてアテネIDを導入する。アメリカのニューヨークやデトロイトの取組みを参考に、市内で様々な特典が受けられるアテネID（カード）を発行する。この活動の一環として、11歳から13歳を対象とした、マイアテネという学校教育プログラムをパイロット実施した。地域コミュニティや、近所の文化資産について学ぶプログラムだ。

文化・クリエイティブ産業の発展により新旧が交わる未来へ

ギリシャで文化・クリエイティブ産業に従事する人口の割合は、飲食業界や建設業界と同程度と推定されているが、他の産業に比べ、GDPに与える影響が小さいことが課題となっている。2010年の経済危機以降、住民の間では自分たちで街のクリエイティブなシーンをつくるDIYブームが起こっていて、[*15]ボトムアップによる文化産業の活性化に一役買っている。

アテネは古代から脈々と続く歴史があり、街づくりの観点からは制約が多い都市でもある。インフラの刷新は喫緊の課題だ（ギリシャ第二の都市であるテサロニキの市役所で会合をしたとき、お手洗いにトイレットペーパーが備え付けていなくて驚いた。下水管が詰まるという理由からのようだ）。アテネの戦略は、アテネ市だけではなく、アテネを中心とした広域経済圏を念頭においている点が特徴的で、350万人にものぼる大都市圏の持続性を達成するためのヒントが詰まっている。

ローマ・イタリア —— *Rome, Italy*

異常気象と旧態依然としたガバナンスに悩まされる

イタリアの首都ローマは、2016年に、就任当時38歳の女性市長が誕生したことが話題となった。アテネと同様、古代都市として数多くの歴史遺産を抱える一方で、世界のファッションや文化の中心でもあり、世界中から観光客を惹き付けてやまない都市である。ローマのカバーする範囲は広く、域内は15の自治区に分かれている（図2・10）。面積にして1285㎢。岩手県の宮古市とほぼ同程度の面積に、およそ300万人が暮らす。6割の住民は、キャピタルと呼ばれる中心地に住んでいる。人口は、2014年からほぼ横ばいで大きな増減はない。図2・10で中心に位置するI自治区では土地の75％が利用される一方で、北部に位置するXV自治区では14％しか使われておらず、総面積の64％は緑地となっている。域内の歴史遺産は2万5000を超え、歴史豊かな環境と緑が守られている。

イタリアは日本と同じように、地震大国とのイメージをお持ちの方も多いかもしれない。ローマでも、過去10年間で大きな地震が2回（うち直近のものは2回の余震を伴った）観測されている。地震だけではなく洪水も多い土地柄で、過去10年間で5回洪水に見舞われている。このほか、少し意外なところではあるが、大雪、干ばつ、山火事なども発生している。2018年に、ローマが6年ぶりの大雪に見舞われたニュースをご記憶の方もいらっしゃるかもしれない。普段雪が降らない地域であるため、都市機能が大混乱に陥っ

図2・10　ローマの15の自治区（出典：*Rome Resilience Strategy*, p.33）

たことは想像に難くない。夏には猛暑が襲い、域内で洪水リスクを抱えるのは25万人と、近年の異常気象に苦しんでいる都市の1つである。このような背景から、ローマが抱えるショック（短期的課題）は、自然災害がメインとなっている（図2・11）。

ローマの戦略立案に深く関わったのは、Risorse per Roma（ローマのリソース）と呼ばれる組織だ。ヴァイレのVIFINと立ち位置は近いが、こちらは市役所外の組織として位置付けられている。主にEUなどの外部資金を活動原資として様々なプロジェクトを行っている。Risorse per Romaのピアルイージ・ポテンザ氏は、ローマが抱える最も深刻な課題を、行政内のサイロ化、エコシステムの欠如だと語る。[*16] レジリエンスを、課題解決に向けた新しいアプローチと捉えて積極的に取り組んでいる。

市民サービスの効率化、透明性の高いガバナンスを目指す

ショック（短期的課題）	ストレス（長期的課題）
・地震、洪水、浸水、土砂崩れ	・ローマ市としての統合プランや行動戦略がない ・情報共有や効率的なコミュニケーションの欠如 ・行政処理のスピードの遅さ ・空気・水・土壌汚染 ・ゴミ処理 ・公共施設やインフラの老朽化 ・“公”概念の欠如 ・公共交通機関の整備が不十分 ・移民の増加 ・観光客の増加

図2・11　ローマのショックとストレス

ローマの戦略は、効率的な市民サービス、ダイナミックな対応能力、オープン／ソーシャルインクルージョン（社会的包含性）、そしてグリーン／CO_2、ゴミゼロの4つの柱で構成されている。

●巨大組織のサイロ化に挑む：各担当部署に散らばっている情報やシステムを一元的に管理する担当課を新設し、行政手続きの効率化と透明化を高めようとしている。住民が申請した手続きの進捗状況をトラッキング（追跡）できるシステムを構築して、透明性を高める。地理空間データと地図の統合プラットフォームを導入し、都市計画、遺跡や道路メンテナンスの情報、グリーンエリアの活用状況などを一元的に可視化する計画もある。デジタル活用による行政の効率化・透明化の動きは、市内の交通、移動、輸送、気象、カメラデータをリアルタイムで一元管理するシングルオペレーションセンターの考え方にもつながっている。一方、2017年時点でローマ人口の22％にあたる人々がインターネットを一度も使ったことがないというデータもあり、デジタルデバイドの解消にも力を入れる。

デジタル導入を進めながらも、サイロ化の解消には日ごろの地道なコミュニケーション活動が重要との考えで、Risorse per Romaのスタッフが主導して、3章でご紹介するリスク評価調査を使った他部門にまたがる職員とのグループワークを開催した。市役所の中で日ごろ誰がどのような業務にあたっているのか、いざというときに連絡をするべき人は誰なのか、地道なコミュニケーション活動を通して関係者間で認識を共有し、サイロ化に挑もうとしている。

●ステークホルダー連携を進めてイノベーションを促進：例えば、市役所内で文化促進を担うセクターを再構成しながら、ステークホルダーとの関係を強化する。組織改革の一環として、2017年にテベレ川特別オフィスを設置し、水位のモニタリングだけではなく、テベレ川を中心とした都市の再開発プログラム、ローマの水文化を強化するためのイベントやプロジェクトを実施している。テベレ川は、イタリアのトスカーナ地方からローマを流れ地中海に抜ける川で、地域の自然環境を豊かにするだけではなく、文化やスポーツイベント、交通の要所としての機能を持つ。自然遺産の保護、有機農業やサーキュラーエコノミーの推進、気候変動への対応プログラムを通して、都市の新しい適応能力を育成しようとしている。
市内のイノベーション促進のために着目しているのは、公共図書館だ。地域住民の創造性やイノベーション気質を高めるためのプログラムを企画し、住民と行政との新しいコミュニケーションの場として図書館の可能性を見直す考え。加えて、市内に放棄された建物や土地の活用に向け、イノベーション創出とゼロビューロクラシー（煩雑な行政手続きをなくす）をキーワードに規制緩和を進める。

●豊かな自然を守る：域内交通網をより持続的なものとするためのCO_2排出量削減の取り組みや、リサイクルを進めて廃棄物をできるだけ出さないためのアクションを定めた。具体的には、2025年以降に導入するバスなどの市内の交通システムは、CO_2排出量ゼロのものにする。年間のゴミ排出量を、2021年までに20万t減らす（現状は年間70〜100万t）。加えて、年間およそ12万tの生ごみを分解することのできるコンポーザーを市内各地に整備する。

市内の生態系を守るため、域内の6割を超える緑地を守り、再生可能エネルギーの活用を推進する。農業従事者を増やすことも生態系の保全につながるので、ローマ市では農業会社を運営している。有機農業の教育と実践プログラム、食料ゴミの知識、サーキュラーエコノミーについて学ぶことのできるプログラムを実施したり、消費者と生産者を直接つなぐ場として市内に新しいファーマーズマーケットを開設し、地産地消を促進する。

人の能力向上と自然保護の両輪で持続可能性を達成する

ローマでは、主要インフラや、気候変動への対応、災害対応など、多岐にわたるテーマに関するステークホルダーとのワークショップなどを通じて、自分たちが抱えている課題と課題間の関係性を明らかにしてきた。戦略の中で、ベンチマークとなる他都市の取り組みを丁寧に調べている点も特徴的だ。行政の縦割り対策に主眼を置き、必要なステークホルダーとの連携を強化する。

住民の一体感を醸成するため、スポーツを通じたソーシャルインクルージョンにも力を入れる。公共施設の再定義、イノベーションプログラムの実践、ゼロエミッション、農業やサーキュラーエコノミーの推進など、人と自然資本に働きかける様々なアプローチを繰り出している。

3 経済のトランスフォーメーション

事例紹介の2つめのカテゴリーは、経済のトランスフォーメーションだ。各都市が実施した住民との対話やワークショップでは、住民が日常生活を送る上での不安を最も象徴しているのは〝仕事〟だということが分かっている。労働や経済を通じた地域力の向上は、住民1人ひとりが幸せに毎日を過ごすことに強く影響を与える。ここでは、アメリカのニューヨーク、韓国のソウル、中国の黄石市をご紹介する。黄石市は聞きなれない方も多いかもしれないが、武漢を中心とする湖北省の中核都市を目指す、古くから鉱山により栄えた街だ。

ニューヨークでは、成長を続けるデジタルテック産業の勢いを社会課題解決につなげたいと考えている。特に貧困層への取組みを強化して、「OneNYC（New York City）」を掲げ社会分断の是正に取り組む。ソウルでは、若年層と50歳以上の労働環境を向上させることで経済力の向上を、黄石市では鉱業からのトランスフォーメーションと産業の多様化により湖北省の中核都市を目指している。

ニューヨーク・アメリカ —— *New York, USA*

人口増加と経済成長に追いつかない社会システム

1625年、ニューアムステルダムとして共同集落としての形をスタートさせたニューヨーク市。現在はおよそ800㎢の面積に、約850万人の人口を抱える巨大都市へと成長を遂げた。人種のるつぼと言われ、世界の金融やアートの中心地でもある。ニューヨーク市の戦略策定の背景には、市が2025年に誕生から400年を迎えるにあたり、ニューヨークの将来の姿をステークホルダーとの対話により共有する目的があった。戦略のキーワードは「One NYC（New York City）」。デジタルテクノロジーやデジタル産業に着目したアクションを掲げる。

ニューヨーク市役所では、マイケル・ブルームバーグ市長時代の2006年に、長期戦略とサステイナビリティを扱う部署が新設されている。その後2007、2011、2013年に、環境に優しい街づくりを掲げた都市計画を策定した。2014年にビル・デブラシオ現市長が就任すると、ブルームバーグ前市長が富裕層を優遇していたことを反省点として、貧困層や中間層に焦点を当てた政策に舵を切ることになった。[*17]

One NYCが目指すのは、貧富の差、機会の不平等性の解消、市域を超えた広域ガバナンスと官民協働による課題への対応である（図2・12）。

ショック（短期的課題）とストレス（長期的課題）

- 人口増加：2040年には人口900万人に到達し、65歳以上人口が就学児童の数を超える
- 経済成長：全米上位500社のうち52社がニューヨークに拠点を置く一方で、民間雇用の半数以上を、従業員100人以下の中小企業が賄っている。中小企業の活性化が重要
- 格差拡大：人口の約半数が貧困層。大半をアフリカ系アメリカ人、ラテン系アメリカ人、そしてアジア系アメリカ人が占める
- 老朽化するインフラストラクチャー：ガスや水道管など地下システムのインフラについて全体像を把握できていない。22%の市民が家でブロードバンド接続ができない
- 環境汚染と気候変動：人口増により2030年までに燃料消費が14%、エネルギー需要が44%程度増加。降雨量や猛暑日の増加と海水面の上昇の脅威にさらされている
- 市民との対話：地域の文化サービスに約半数の住民が満足していない
- 近隣自治体との連携：ニューヨーク市の外（ニュージャージー州）で雇用機会が増加

図2・12　ニューヨークのショックとストレス

市民の声を拾い、対話を通じた戦略作成

戦略作成にあたっては、市民の声の吸い上げと、様々な対話の機会を活用した。7500人を超える市民がオンライン調査に、800名の市民が電話調査に参加した。1300人以上の市民が参加したのは40を超えるコミュニティミーティング。市の議員も177の市民団体と議論を交わしたり、ニューヨーク市の域を超えて、15の近隣自治体・州の代表と戦略を議論した。このような調査や対話は、サステイナビリティオフィスのリードのもと、70を超える市の組織から125の代表者が中心となり実践した。

調査の結果、市民の最も大きな関心事は〝教育〟〝仕事〟〝住宅〟であり、街の最

も重要な価値を〝多様性〟と認識していることが分かった。これらのデータに基づいてつくられた戦略では、デジタルテクノロジーを使った取組みが強調されている。

●デジタルテックの活力を生かした成長と繁栄：世界で最もダイナミックな都市型エコノミーを持続させ、家族・ビジネス・コミュニティの繁栄を守るため、産業拡大、仕事場創出、住宅提供、コミュニティ強化、文化・交通・インフラ・ＩＴへの投資を行う。ニューヨーク市内の総生産額は６５００億ドル（約68兆円）。経済活動の柱は金融保険と不動産で、市全体の職の12％であるが、総生産額にして38％を占める主要産業となっている。その一方で、最も勢いのある産業がデジタルテック企業だ。

デジタルテック企業やその産業エコシステムは30万人の雇用と年間3兆円規模の賃金を創出している。彼らを積極的に支援することで、市内の賃金格差の解消を目指す。ブロードバンド網やオフィススペースの整備、スタートアップやファブラボ、新技術のＲ＆Ｄ施設開設もサポートする。小中学校教育に、コンピューターサイエンス関連プログラムを盛り込む。

先進工業、デザイン、広告・メディア・アート、ｅコマース、バイオテック、ＩＣＴ関連産業をイノベーション産業と捉え、これらの産業内での雇用を、２０４０年までに現在の15％から20％まで増やすことを目指している。

デジタルテックの成長力に街の未来を託しながらも、デブラシオ市長は、製造業を守ることが貧困層にとっての雇用機会につながると考えている。*18 工場を中心とした住民コミュニティの醸成も期待できるため、従来型の産業を衰退させないための方策も重要だとしている。

●**機会の平等性を確保**：市内の経済活動に関して、待遇の改善と公平な参加機会を全てのニューヨーカーに提供することを掲げる。キーワードは、幼児教育、社会サービスと行政サービスの一元化、健康、医療アクセス、犯罪率の減少、交通事故ゼロ。

デジタルとの関連では、緊急時以外の公用電話番号である311のデジタル化、無料無線LANの設置、市が保有するデータの一元化、市公式ウェブサイトのモバイル対応、市のデジタル関連調達プロセスの見直しが進む。具体的には、ツイッターアカウント@nyc311上で、市民からのメッセージを24時間受け付けるほか、スマートフォン用アプリ「NYC311」から全ての行政情報へのアクセスを可能とする。市民はNYC311からコメントも送付できる。

このほか、2040年までに幼児の死亡率を20%減らす、4歳からの幼児教育を全ての子どもが受けられるようにする、2015年時点で128あるコミュニティスクール（地域に根差した様々な組織との協力による学校運営を行い、教育だけではなく、家族が行政サービスも受けられる）の数を倍にするなど、若年層を対象とした取組みにも注力する。

●**環境負荷を減らして自然と共生**：2006年にサステイナビリティオフィスを立ち上げてから、職員や市民の環境への意識を高めてきた。戦略では、80×50（2050年までに、2005年比80%の温室効果ガス削減）、ごみゼロ（2030年までに2005年比90%の廃棄物削減）、大気の質向上（2030年までに2013年比20%PM2・5値を減らす）といったキャッチーなスローガンと数値目標を掲げた。市が新たにインフラや公的サービスに投資する際には、トリプルボトムライン（経済、社会、環境インパクト）を意識して意思決定を行う。

街中のCO_2削減やエネルギー需給のコントロールのためにデジタル技術を活用する。市民向けモバイルアプリケーションを構築して遊休地の清掃活動を促したり、市内の街灯にセンサーを付けることで電力消費を自動コントロールする。

ニューヨークでは、デジタルテクノロジーを、社会的対立を解消し、突発的な災害への対応力を養うために不可欠なものと捉えている。コミュニティベースでの草の根活動や市の公式プログラムなどをオンラインマッピングして一覧できるようにしたり、市民が行政サービスにオンラインでアクセスできるように、ブロードバンドインターネット接続率の向上を目指す。

住民コミュニティが気候変動やその他の未知の脅威に対応する能力を身に付けるためのコミュニティ強化の一環として、特に低所得者が暮らす地域で、文化施設やイベントの機会を増やすことを掲げている。

将来の資本投入分野を予測

ニューヨークの戦略には、2015年から2024年までの10年間に公的資金約2660億ドル（約28兆円）がどの分野に投入されるのかについての予測図が掲載されている。最も多くの36%を占めたのは交通インフラ・地下鉄の整備、次いでエネルギーと水（15%）、教育（13%）、レジリエンス（11%）となった。公平性の担保を、デジタルデバイドの解消と捉え、戦略全体を通してデジタルテクノロジーやテクノロジー産業との関わりを明記しているのが特徴的である。

ソウル・韓国 —— *Seoul, South Korea*

少子高齢化が進み社会的孤立が増加

韓国の首都ソウルは、世界で過去最も成長した都市の1つだ。これまでの60年間で人口は5倍に、GDPは330倍に増えた。韓国のGDPの2割を生み出し、世界の都市ランキングでは高い競争力が評価されている。605㎢の土地に、25の行政区と467のコミュニティセンターを抱え、1000万人を超える市民が住む。人口密度が極めて高い。女性の5割以上が社会進出を果たしていて、外国人の割合は少ない。

ソウルでは、ショックとストレスの特定のため、市民フォーラムを2回開催した。市役所に寄せられた様々な文句や意見を分析し、アンケート調査を実施した結果、不安定な労働環境が市民共通の不安となっていることが分かった。特に若年層と高齢者で希望しても仕事につけない人の割合が上がっている。財閥企業が経済活動の多くを占める韓国では、大企業と中小企業の雇用条件に乖離があり、収入格差につながっている。加えて、高齢化にともない、両親への経済的サポートが負担になっていると答える現役世代と、働きたくても働き口の見つからない高齢世代の対立も大きくなっている。高齢世代が社会とつながる機会の創出と、現役世代の経済的な負担を減らす必要がある（図2・13）。

経済力・安心安全・地域力を強化

ショック（短期的課題）	ストレス（長期的課題）
・大気汚染	・失業、雇用の不安定、収入の不均衡
・パンデミック	・人口動態の変化（高齢化・少子化）
・放射能汚染	・気候変動、温暖化
・経済危機	・社会的安全性（セーフティネット）の欠如
・インフラ老朽化	・社会的孤立の増加
・暴力犯罪	
・地震、火災、洪水	

図2・13　ソウルのショックとストレス

ソウル市の戦略のスローガンは、「全ての市民にとってスマートで安全な都市」である。環境・社会・経済のそれぞれの課題に対してアプローチするため、経済力、安心安全、地域力の軸からアクションを整理した。

●50＋インターンシップ、ゼロペイプログラムを通じて経済力を強化：ソウルの目覚ましい経済成長のスピードは弱まりつつあり、同時に格差が拡大している。２０１９年の若年層の失業率は10％を超えた（市内の平均失業率は４・５％）。数にしておよそ10万人。失業手当がもらえない人に対する経済的な支援プログラムでは、２万人を超える若者がサポートを受け、その半数程度が希望する職種に就職できたことから、支援プログラムを強化する考えだ。大学と協力して起業のトライアル環境を整備したり、マーケティングや会計のスペシャリストによる個人事業主へのコンサルテーション機会を創出する。若年層の雇用を安定化させるため、公的セクターにおける非正規雇用の廃止を目指す。

韓国では、「50歳以上＝定年に向けたキャリアの終盤」との社会通説があるが、彼らを重要な労働力として捉え、時代のニーズにあったスキルを身に付けて経済力を維持してもらう必要がある。50歳以上を対象としたNGOや社会起業、小規模事業者への新しいインターンシッププログラムを開始する。教育水準の高い人ほど定年時の不安がないという調査結果もあり、[19] ソウル大学の学費半額化や教育基金の設立などを掲げた。

小規模事業者への優遇措置としては、売上が8000万円以下の小売店に対して、QRコード支払の決裁手数料をゼロにする〝ゼロペイ〟制度を導入した。QRコード決裁を利用した消費者側にも税控除のメリットをつけた。事業者が制度申請する際にはオンライン申請を導入し、決裁方法をQRコードだけではなく、ICカード（日本でいうスイカやパスモなど）にまで広げていくことを目指している。

●市民中心の視点による安心・安全の実現：ソウル市の戦略は、これまでの政策は市役所中心であり、市民中心ではなかったとの反省に基づいている。官民連携の強化と、市民1人ひとりの参加とエンパワーメントを新たなスローガンに掲げた。住民（特に女性）が日々安心して暮らせることのできる街づくりに力を入れる。ソウルの特徴である高い人口密度は、災害時の対応にマイナスなインパクトを与えることが分かっているので、[20] 事前準備や市民啓発に注力する。

日本でいうところの防災士を10万人育成することを目的とし、研修機会の提供や、研修での学びを相互に共有できる環境を整備する。ソウルのゴールデンタイムルールと名付けられた研修プログラムでは、55の異なるタイプのシナリオが用意され、実際に災害が起きたときにどのような行動をとるのか、その行動にはどのくらい時間がかかるのかを机上シミュレーションできる。

街中での取組みとしては、携帯電話の普及により使われなくなった公衆電話ボックスを安全電話ブースに

図2・14　安全電話ブース（出典：*Resilient Seoul*, p.65）

進化させる。公衆電話ボックスに人が入るとロックがかかり、自動的に通報され、身を守ることができる仕組みだ。フリーＷｉＦｉの基地局や充電サービスも付いている（図２・14）。市内には、犯罪や災害を24時間３６５日見守る防犯カメラも設置する。

このほか、１５００万セットにおよぶ行政データをオープン化して住民のエンパワーメントにつなげ、非常時の情報共有システムの改善や、リアルタイムデータの活用によるインフラ管理を推進している。屋上庭園を設置して雨水を貯蓄する仕組みやソーラーパネルの設置を支援したり、エコマイレージの仕組みを導入して住民の環境意識を高めることにも積極的だ。

●**高齢者と単身世帯、女性を支援して地域力を強化**：65歳以上の高齢者の数はおよそ１４０万人で、人口に占める割合は14％。単身世帯の数は１２０万で全世帯の３割を超えている。平均寿命は２００８年からの10年間で79・６歳から82・４歳まで上昇した。高齢者の貧困率は50％に迫る勢いだ。

コミュニティへの帰属意識や、近隣住民とのつながりの欠如が社会的孤立の要因の1つと考えられるため、特に高齢者と単身世帯をターゲットにした地域コミュニティ力の強化を目指す。

高齢者を対象としたケアセンターを188か所設立し、隣人とのつながりをつくる「ヴィレッジコミュニティ」プログラムの推進（2012年からスタート）、物々交換を通じた地域力の活性を図る。公助の福祉システムに頼るだけではなく、地域コミュニティが共助の精神に基づき助け合える姿を目指している。

単身世帯の増加にともない、住宅需要がひっ迫して住宅の価格が上昇（2013年からの5年間で10％の増加）しているため、公的賃貸住宅の拡充を急ぐ。これまで8万戸ほどの供給だった公的賃貸住宅を、10万以上に増やす計画がある。民間の不動産と協力して、3人世帯までを対象とした賃貸住宅（25〜60㎡）も2万戸供給する。

女性の社会進出に伴い需要が高まる公的幼児ケア施設も、2013年の800か所から2017年には1700か所に増設した。2019年から2022年まで、毎年100か所増やす計画だ。市が派遣するベビーシッターを280人から2022人まで増員し、学童プログラムを充実させ、出産直後の女性や働く女性をサポートする。

官民連携のルールづくりを進める

ソウルは、テクノロジーを活用したリアルタイムデータの収集や分析を通して、市民の生活の質の向上とウェルビーイングの達成を目指している。データを活用した街づくりは世界でも一定の評価を得ているが、官民におけるデータの共有ルールづくりが今後の課題となっている。

経済活力を取り戻すため、ソーシャルインパクトボンド（ＳＩＢ＝行政から民間への成果連動型委託契約の一種）の仕組みを活用した幼児ケア、失業対策プログラムなどを開始する予定。シェアリングエコノミーの推進にも力を注ぐ。ローカルラボを設置して、地域課題解決の斬新なアイデアをステークホルダーと議論する場をつくるなど、官民連携をさらに拡大させる考えだ。

黄石・中国 —— *Huangshi, China*

鉄鋼産業からのトランスフォーメーションが課題

黄石市は、湖北省の南東部、長江中流の南岸に面した都市だ。１５００年前、地理学者が「長江南岸に黄色の石の山がある」と記したことから黄石市と名付けられたと言われている。中国青銅文化の発祥の地であり、３０００年以上前の殷の時代から銅・鉄・鋼生産の中心地として栄えてきた。近代以降は冶金、建築材、織物などの産業が発達した。黄石の北西に位置する武漢市と、南東に位置する九江市をつなぐ様々な大陸鉄道が行き交う。水上輸送の拠点となる港も持っている。

１９９０年以前は、黄石は工業・農業生産の規模では湖北省で2番目の立ち位置にあった。しかしながら、世界の多くの鉱山都市がそうであったように、１９９０年以降に鉱山資源が枯渇すると、企業は立ち去り

ショック（短期的課題）	ストレス（長期的課題）
・洪水	・景気降下、産業の転換 ・水質汚染・水不足 ・インフラ老朽化 ・自然環境悪化

図2・15　黄石のショックとストレス

人々も街から消え、鉱山の過剰開発による生態系へのダメージだけが残ってしまった。産業のトランスフォーメーションが最も喫緊の課題となっている（図2・15）。

長江沿いという地形から、地域一体は古くから洪水に悩まされてきた。鉱山を切り崩したことで市内には100か所以上の絶壁がつくられ、土砂災害の脅威となっている。[*21] 鉱山産業の影響による水質汚染も深刻である。市内には荒廃・老朽化し建て替えが必要な住居が広範囲にわたって点在している。鉱山労働者の住居は人口密度の高い設計になっていたため、現代の生活スタイルに合っておらず、全面建て替えにより住環境の質を上げる必要がある。

都市開発の観点からは、20世紀の終わりまで交通網を主に鉄道に頼っており、高速道や港が近代的な発展を遂げてこなかった。今後は、道路と水上交通に2000億円近くの投資を行うことにしている。また、中国でも古い鉱山・鉄鋼文化の発祥の地でありながら、文化遺産としての保存が十分ではなかったため、文化遺産の観光資源化に力を注ぐ。

技術投資とグリーン化を加速させ経済をトランスフォーメーション

黄石市の戦略は、トリプルボトムラインの3つの観点に沿った形で構成されている。

●**産業のトランスフォーメーションと多様化（経済）**：経済のトランスフォーメーションの柱となるのは、Made in Chinaの生産拠点からの脱却だ。〝黄石で創られた〟ことを新たなブランド価値とするための、イノベーティブな産業システムへ転換させる。具体的には、資源依存産業からイノベーション産業へ、低コストによる競争力から質と効率による競争力へ、環境に優しい製造業へ、製造業からサービス産業へ、という4つの観点から産業や競争力を転換させる。大学と連携し、金融と情報産業、AIを含めた新しいテクノロジーを活用しながらイノベーションを生み出すことのできる人材育成に力を入れる。

産業多様化の中核となるのは商業交通・輸送システムの開発だ。黄石が属する湖北省東部の都市群における輸送網の構築、さらには湖北省国際輸送のハブとして、高速道路、鉄道、港を整備し、マルチモーダル型の輸送センターを目指す。特に市内を縦断・横断する高速道路網の開発に注力しており、将来的には市内を30分で回れること、武漢や九江など近隣の主要都市への2時間以内のアクセスを目標にする。

輸送業に加えて、歴史的な工場や機械などの産業文化財をアピールする産業観光にも力を入れる。また、グリーンな開発をスローガンとして、サーキュラーエコノミー、緑地の増設、低炭素やグリーンエネルギーの活用を推進する。

●**水質の回復と環境改善（環境）**：生活水を地下水に頼っている黄石にとって、地下水の水質の改善と大規模な貯水機能の強化が課題となっている。長江の水質は、鉱山開発によりヒ素含有量が高いことが分かっており、地域農業にも影響を与えている。より詳細な影響を把握するため、地下水の調査チームをつくって水質に関するデータベースを構築する。長江だけではなく、市内のいくつかの湖の水が褐色して異臭を放つことが市民から指摘されており、２０１８年から水中の藻の除去や沿岸の下水処理を進めている。

川や湖に加えて、山の多い地形でもある黄石では、洪水時の排水能力を向上させて土砂崩れを防ぐことも重要な課題だ。現状では、洪水に関する情報の収集リソースが人に大きく頼っており、人々の経験値による属人的な対応となるため効率が悪くなっている。情報の効率的な収集と排水管理をサポートするための情報システムを開発する。排水施設や雨水処理施設を増設しながら、街全体の水資源のマネジメントを向上させる。

水質改善、水資源の管理と並行して、市内にはりめぐらされた電線・道路インフラなどの修繕を実施しているが、明確な基準がないまま建築されたものが多いため、修繕すべき場所の特定が困難となっている。インフラの改修には大規模な工事が必要となり、住民の理解が欠かせない。住民の生活意識の改善も重要となっている。

●暮らしの質を上げる（社会）：産業のトランスフォーメーションと水質の向上を通じて黄石が目指すのは、環境にやさしい新たな文明モデルである。将来的に、長江中流の中心的な地方都市としての存在を確立したい考えだ。古いインフラの刷新はそのための投資ともいえる。新しく構築されたインフラは災害耐性の強いものにする。災害への対応能力向上の一環として、街中の非常用街灯をＬＥＤに置き換える。

行政サービスについては、特に医療施設の拡充による医療サービスの多様化と高齢者サポートを強化する。60歳以上は人口の15％を占め、日常のケアやリハビリケアなどへのニーズは高まる一方だ。市内には３つの総合病院があり、地域クリニックと協力しながら、湖北省東部をカバーする地域医療センターの開業を急い

図2・16　黄石は卓球が盛んな街でもある（左）。市内で増設される高層集合住宅（右）（出典：*HUANGSHI RESILIENCE STRATEGY*, p.72（左）p.77（右））

でいる。医療機関に対する税控除施策や、高齢者ケアセンターとコミュニティセンター建設の際の土地の優遇措置を検討している。

スマートテクノロジーを活用した新しい街づくり

新しい街づくりの一環として、市内では新たな開発エリアがいくつか設けられた。新旧エリアをつなぐ交通網には新しいテクノロジーを使って、バスの運転時刻やバス停、混雑状況などのリアルタイム情報を一元的に管理しながら市民の利便性を高める計画だ。新築される高層の集合住宅は、ブロックごとの建設を進め、バリアフリー設備や緑地スペース、住民が太極拳や卓球をできる公共スペースを踏まえたデザインにする（図2・16）。住宅供給には民間資本と民間のノウハウを活用するＰＰＰ（官民連携）モデルを活用して、市民の購入・賃貸両方のニーズに応える。

産業のトランスフォーメーションに取り組む黄石市にとっては、中国が世界的な勢いを増すＡＩ研究を背景とした新しいテクノロジー産業や街のスマート化の推進が武器となる。戦略の中では、豊かな自然環境に浮かぶ未来の黄石の姿がＣＧで表現されている。スマートテクノロジーを活用した、レジリエントな暮らしのシステムづくりを掲げている点が興味深い。

4 ウェルビーイングとコミュニティ

共創とガバナンス、経済のトランスフォーメーションに続く3つ目のカテゴリーは、ウェルビーイングとコミュニティだ。ウェルビーイングは、都市により様々な考え方に咀嚼されているものの、人々が日々の暮らしを豊かに、肉体・精神・社会的な健康を維持すること、というのが共通した考えだ。イギリスのブリストルでは、ウェルビーイングを豊かさの指標として用いた。街づくりに若年層の視点を入れること、地域コミュニティの自立、そして新型コロナウイルス禍における人々への寄り添い方が印象的な事例である。オーストラリアのメルボルンは、健康とウェルビーイングを、住民が街に感じる帰属意識、安心・安全、レジリエンス、人とのつながり、コミュニティという多面的なものとして捉えている。

ウェルビーイングを考える際に重要となるのがコミュニティだ。各都市の戦略からは、肉体・精神・社会的な健康の維持のために人とのつながりやコミュニティ活動が一定の役割を果たすことが見てとれる。日本の京都市では、古くから存在する地域コミュニティを軸とした街づくりを実践している。京都に息づく精神文化を含めた文化財と行動様式の継承を掲げる。シンガポールでは、市民1人ひとりのエンパワーメントと対話を通じたコミュニティの強化に取組み、新型コロナウイルスという都市の新たな脅威に対応しようとしている。

ブリストル・イギリス —— *Bristol, UK*

グリーンキャピタル・ブリストル

ブリストルは、イギリス西部に位置する都市で、市の面積は約110㎢。2010年代に40万人台だった人口は、2037年には53万人に増えると予想されている。白人が人口の大多数を占めているものの、住民の出身国は187にのぼり、45の宗教と91の言語が話されている。現在の街の形は、11世紀の初めに形づくられた。2015年にはヨーロッパにおけるグリーンキャピタルに選ばれた。[*22] ヨーロッパでは、環境への影響を考慮して肉を食べない人も多い。筆者がEUのプロジェクトで一緒に働いたブリストルのサステイナビリティオフィスのスタッフは、ベジタリアンであるだけでなく、飛行機に乗らないことを徹底していた。出張でヨーロッパ大陸に移動する必要がある場合も電車を使う。飛行機移動より時間がかかるので、出張のたびに1~2日前に自宅を出なくてはならず、時間効率はとても悪い。彼女のポリシーを認めるブリストル市役所の懐の深さに感心したことを覚えている。

ブリストルの戦略は、2060年代をターゲットに定めた。年々変化のスピードを速める社会に適応していくため、細かなアクションプランを定めるというよりも、どのような社会の変化にも対応することのできるフレームワークを共有したいとの思いが強く出た内容となった（図2・17）。

ショック（短期的課題）	ストレス（長期的課題）
・病気の拡散 ・公秩序の乱れ ・テロ ・インフラの脆弱性 ・工業事故、環境汚染 ・国際イベント （世界中から人が集まることのリスク） ・輸送事故 ・洪水などの異常気象	・交通渋滞 ・インフラの老朽化 ・気候変動 ・環境劣化 ・食料・燃料の供給 ・水不足 ・政治的リーダーシップの変化 ・高齢化 ・権限移譲

図2・17　ブリストルのショックとストレス

新しい豊かさの指標を模索、特に若年層を意識

1章でご紹介した、「社会課題が誰にとって影響を及ぼすのか」「誰に対しての、どの領域のアクションなのか」を示したフレームを思い出していただきたい。そこには、住民を中心とした5つのフィールド―住民、場所、組織、地域から世界、繁栄と価値―があった。ブリストルの戦略では、このフレームの評価軸として①公平性、②つながり、③暮らしやすさ、④柔軟性、⑤持続可能性の5つの項目を定めた。それぞれの項目で、2060年代までに何を達成したいかが記されている。

●公平性とつながり：これまでの街づくりに〝子どもや若年層〟の観点が生かし切れていなかったことを反省点として、16歳以下のバス利用無料化や、18歳以下の住民目線での景観づくり（市街地の25％が18歳以下の視点に立った設計ではないと指摘されている）に力を入れている。教育格差の解消、子どもの貧困をなくすことをゴールに掲げる。若年

層の就労体験機会の提供にも力を入れる。また、市役所の上級職にマイノリティバックグラウンドを持つ人を雇用することで多様性を確保する。街が将来にわたり持続していくためには、多様性の許容と平等性、社会の一体感が最も重要だと考えている。

食料や電力など、生活に必要なサービスの調達は市域を超えるため、都市間ネットワークに積極的に参加して関係を強化している。例えば、ブリストルに隣接するバースや南グロスターシャーと共に、地域の交通・投資・スキル教育・ビジネスサポート・住宅供給などに関する新しいガバナンス構造の議論を始めた。

ブリストルでは、住民が行政サービスに頼らず自分たちで社会課題にアプローチすることができる自立したコミュニティ（self-organized communities）を育てることが重要だと考えている。文化活動を通じたエンゲージメントプログラムや、コミュニティ力を高めるためのご近所パートナーシッププログラム（詳しくは3章でご紹介）に対する資金援助を行う。さらには、街の長期的な発展を目指して、起業家やビジネスリーダーと住民との対話の機会をつくったり、情報社会のその後の世界における新しい経済について考えるプログラムを実施している。自律・自立した地域コミュニティによる、参加型街づくりの文化を醸成しようとしている。

●**暮らしやすさのための健康とウェルビーイング**：ブリストルでは、街の暮らしやすさ（Livable）に重要な視点として、全ての世代の住民が〝住む〟〝働く〟〝学ぶ〟〝遊ぶ〟という4つの項目を挙げている。これらの全てに共通するのが住民の健康とウェルビーイングだ。健康とウェルビーイング向上のためにも環境に優しい街づくり、自然との共生は大切だと考えており、冒頭でご紹介したようなグリーンキャピタルの取組みにも力を入れている。暮らしやすさの指標の1つとなる行政サービスへのアクセスを向上させるため、20分以内に行政施設にアクセスできるような環境づくりを目指している。

健康とウェルビーイングに関する委員会が立ち上がったのは2013年。市役所の健康福祉部門、ソーシャルワーカー、NHS（イギリスの国営医療サービス）、ボランティアや地域コミュニティの代表者などから構成されている。委員会が第一に目指すのは、幼少期の健康を保ち、市内の貧困層と富裕層の健康格差を減らすことだ。健康とウェルビーイングについて、身体の健康状態だけではなく、精神の健康、そして場所の健全さ（気候変動への対応など）などを総合的に捉えていることも興味深い。[*23]

新型コロナウイルス禍においては、精神の健康を保つために相談することのできるNPOやボランティアなどの窓口がウェブサイト上で紹介されている。[*24]そのほとんどが24時間、あるいは早朝から深夜まで相談の電話を受け付けている。25歳までの若年層に特化した窓口も数多く開設されている。このほか、パートナーと死別した人へのサポート窓口もある。身体の健康を保つために必要なエクササイズも、屋内・屋外の別に紹介されている。

データを活用した持続性の達成

街中で生成されるリアルタイムデータの活用にも積極的だ。住民や行政のリーダーがデータに基づいた意思決定をすること、住民と行政間の情報の非対称性を解消することが主な狙いである。若年層のデジタルスキル向上プログラムを実施したり、誰でも活用できるオープンデータのプラットフォームも開設している。

今後の計画として、地元大学と共同で、超高速インターネット接続やＩｏＴ、データ分析、サイバーセキュリティなどに取組むベンチャーを立ち上げる。市役所と外部組織との人事交流を活発化させるためのパートナーシップを設立する。

新しい技術を使って、２０６０年代までにごみゼロ都市・炭素中立都市としての地位を確立することも目標に掲げている。今後数十年にわたり都市生活を維持するためには、限られた地球資源と共存するための住民１人ひとりの行動変容が重要となる。市民参加型のアイデアソンにより環境問題を楽しく学ぶプログラムを開発する。また、都市生活が地球環境にどのようなインパクトを与えるのか可視化することで住民と危機感を共有する。地域単位でのシェリングエコノミーやサーキュラーエコノミー、フェアトレードを推進したい考えだ。

ブリストルの戦略は、若年層へのアプローチを重視した未来志向になっている。ＧＤＰでは図ることのできない豊かさの指標を模索しつつ、ウェルビーイングの再定義、リバブル（暮らしやすさ）という言葉を用いた街の未来のビジョンが提示されている。

２０１９年からはBristol One city プログラムが始まった。[*25] 公共・民間・第三セクターが一緒になって、持続可能なブリストルに向けた取組みを加速させるプログラムだ。

メルボルン・オーストラリア ―― *Melbourne, Australia*

多様性を擁しながらも世界一住みやすい街・メルボルン

メルボルンはオーストラリア南東部に位置し、人口500万人弱を抱える、シドニーと並ぶ大都市だ。ポートフィリップ湾に面し、全体の面積は1万㎢。域内は5つの管区に分けられ、その中に32の行政区を抱える。世界で最も住みやすい都市として名前を聞いたことのある方も多いだろう。

シドニー同様、メルボルンにも180を超える国々をルーツとした住人が住み、市内100か所以上のコミュニティで固有の文化が根付いていると言われている。住人の3分の1が海外で生まれ、10人に3人が家では英語以外の言語を話す。メルボルンはおよそ170年前の1847年に公式に都市としての歩みを開始し、1850年代のゴールドラッシュにより、多くの移民がヨーロッパや中国、アメリカから移住することになった。

2000年前後からは大きな災害に見舞われる。1998年にはガス工場の爆発により市内で部分的に2週間、ガスの供給が停止した。2009年には山火事により2000軒以上の住宅が被害を受けた。2010年から2011年にかけては大規模な洪水に見舞われた。2014年には熱波が押し寄せ、心臓病の救急搬送が前年比97%も増加した。2000年代から人口が急増し、医療や交通といった社会インフラのキャパシティを圧迫している。特に、インドと中国からの移民が著しく増加している。

ショック（短期的課題）	ストレス（長期的課題）
・自然災害（干ばつ、熱波、山火事、洪水により毎年約3億円の損失を計上） ・パンデミック ・交通インフラへの需要増加 ・インフラ老朽化、インフラ事故	・人口増加（2051年には800万人に迫ると試算されている） ・経済業態の変化（経済の主軸は製造業から金融・ヘルスケア・教育産業へ） ・医療システムの圧迫（医療関連支出は2032年までに2002年比400%の増加見込み）

図2・18　メルボルンのショックとストレス

メルボルンの戦略は、各行政区やメルボルンが属するビクトリア州政府など、230の組織から1000人もの人が関わって作成された（図2・18）。

新型コロナウイルスやインフルエンザなどのパンデミックを、人間起因のショックとして位置付けている点がユニークである。パンデミックそれ自体は、ビクトリア州全体のリスク要因の第3位となっている。医療関連支出は今後大幅な増加が見込まれており、大半の病気は肥満を原因とするため、未病の取組みに力を入れている。

健康とウェルビーイング＝帰属意識、安心・安全、レジリエンス

メルボルンの戦略は、30年先の社会を見据える。Livable（暮らしやすさ）とViable（実効性）のキーワードを掲げ、街が抱えるストレスやショックに立ち向かうため、次の4つの目的を掲げた。戦略の舵取りを担うのは新設のレジリエントメルボルンデリバリーオフィスで、戦略に明記されたアクションプランの実行度合いをモニターし、取組み終了時には内容のレビューを行う。

・コミュニティの強化：ウェルビーイング、安心・安全、共助によ

る健康の実現

・経済の活性化：将来成長が見込める仕事の機会を増やす

・パブリックスペースの強化：社会的結合、機会の平等性、健康を持続させるための建物やインフラを整備

・環境保全：人口が増加したとしても生態系を含む自然資本を守る

特にコミュニティの強化を、ウェルビーイング向上のための強い要因として捉えている。

●**高い帰属意識**：メルボルンでは、健康とウェルビーイングについて、身体や精神の健康だけではなく、コミュニティへの帰属意識や、自分自身を他者に表現できること、自身が他者から受け入れられていると感じること、日々の暮らしを安心・安全に過ごせること、未知なるチャレンジに立ち向かう能力（レジリエンス）の総称として捉えている。[*26] 実際、メルボルンが市民を対象に実施した帰属意識調査では、7割の回答者が近隣コミュニティへの強い帰属意識を持っていると答えた。この数値は、メルボルン全体に対する帰属意識を聞くと9割に上昇する。一方で、12歳から25歳までの約2割が精神的健康に課題を抱えている（年齢が上がるにつれて割合も高くなる）と言われているため、大学と連携して若年層のメンタルヘルス向上に取り組む。

バックグラウンドの異なる人々が1つのコミュニティになれているか、との質問には7割の人がYes、近隣コミュニティの人を信じることができるか、との問いには5割弱がYesと答えた。また、強い帰属意識を持っていると回答した人々のおよそ半数が、緊急時に近隣住民と協力することに自信があると答えている。これらの数字を見ると、市民が人々を信頼し、街の暮らしやすさを実感しているのが分かる。

人々が安心・安全に日々を暮らせるように、ビクトリア州内に存在する災害対応を行う全ての組織間の横

連携スキームをつくって連携を強化したり、地域コミュニティや個人を対象とした災害時の備えに関する教育プログラムを実施する計画がある。

●ウェルビーイング向上のための街のグリーン化：健康とウェルビーイングへの主観的評価について尋ねた別の調査では、プライベート空間とパブリックスペースにおけるグリーン化の度合いが強く影響することも分かっている。[*27] メルボルンの戦略では、都市の緑化プログラムを掲げ、街のグリーン化に力を入れる。年々上昇する気温に耐える都市環境をつくり上げるとともに、洪水の際の人々のリスクを減らし、人々が安心・安全に毎日を過ごすことができるようにする。街の緑化率が高まると、肥満率や慢性疾患が減少に転じることも分かっており、グリーン化を健康増進にもつなげたい考えだ。緑地に関する既存のデータセットを地理空間システム上でレビューしながら、緑化の進捗を密に把握する。加えて、環境保全を主に活動するNPO（The Nature Conservancy）や、データの可視化をサポートするIT企業との協力体制を構築する。

市内の自転車道を整備して、人々の移動に車ではなく自転車を使ってもらう取組みも始まっている。2011年時点で、60％のメルボルン市民が車で通勤しているというデータがある。人口が増加し続ける中で、このまま自動車利用が増えると、道路整備にかかる年間のコストが2031年には3倍になると試算されている。公共交通機関への需要も今後15年間で9割程度増えると予想されている。市民の健康増進と、環境や公共インフラへの負担を減らすため、新しい自転車専用レーンの設置を進める。

短期の対応に終始せず、実行可能性の高い長期的な行動戦略

他都市のレジリエンス戦略では目的ごとにアクションプランが紐づくことが多いのだが、メルボルンでは、目的と対等な位置づけとして4つのアクション—Adapt（適応）、Survive（持続性）、Thrive（繁栄）、Embed（埋め込み）—が設定され、それぞれに具体的な取組みがぶら下がる構成となっている（例えば、緑化プログラムは「適応」アクションに紐づく）。4つのアクションから戦略を構成することで、目的ありきの行動計画ではなく、実行性の高い長期的な行動計画に落とし込まれている点がメルボルンの良いところだ。最もリスクが高いと位置付ける自然災害やパンデミックへの備えに関しては、サイロ化しやすい関係組織の対応を横につなげる活動に力が注がれている。

戦略に携わったメルボルンのディレクターの1人は、ウェルビーイングの指標は収入ではなく、近隣の人々とのつながり、コミュニティの存在、そして人々の助け合いの精神だと述べている。[*28] 一般的なウェルビーイングの指標として使われる肉体・精神・社会的な健康の枠を超え、多角的にウェルビーイングを捉えている点が、暮らしやすさの実現につながっているのかもしれない。

ショック（短期的課題）とストレス（長期的課題）

・洪水・地震・テロ	・地域経済の縮小
・人口減少と高齢化	・空き家増による住宅の荒廃
・コミュニティの弱体化による社会的孤立の増加	・景観の保全
・伝統文化の伝承と自然・文化遺産の保全	・気候変動や都市生活による自然環境の劣化

図2・19　京都のショックとストレス

京都・日本 ―― *Kyoto, Japan*

人口減少・高齢化と文化遺産保全・伝統工芸の伝承が課題

京都市は830㎢の土地に人口150万人を抱える政令指定都市だ。市内には3つの川が流れ、山々に囲まれた自然豊かな街である。織物や酒造など74の伝統工業が根付き、38の大学がキャンパスを構える学際都市でもある。平安京の時代から1200年以上、日本の都として中心的な存在であり、国宝の20％、重要文化財の15％を有する。市内・周辺地域の15エリアが世界文化遺産に登録されていて、多くの訪日観光客の目的地にもなっている。

京都市の街づくりの姿勢として、「文化を基軸に、京都が培ってきた持続可能な都市を目指すSDGsの理念と、あらゆる危機にしなやかに対応し、より魅力的な都市となるレジリエンスの理念を融合」との理念が京都市の予算編成方針に掲げられている。*29

京都市は、日本の多くの都市と同様に、自然災害の脅威に直面している（図2・19）。市内の花折断層による直下型地震の発生が想定されているほか、南海トラフ地震の影響を受ける可能性が高い。豪雨災害も増加傾向にある。人口減少は、2005年の525人減から2018年には4697人減とおよそ9倍増加している。転入者の数が転出者を上回る傾向がある一方で、大学を卒業した若者や子育て世代の転出傾向が続く。

京都を代表する伝統文化の継承や文化遺産についても、観光産業が大きな経済的貢献をする一方で、市内経済の担い手である中小企業では後継者不足が顕在化している。

“文化”を軸とした地域コミュニティの強化

京都市の戦略は、2040年を目指して策定された。地域コミュニティ、文化、街の景観の3つの観点が戦略を支える。

●古くから学区に基づく地域コミュニティが存在：京都には古くから町組と呼ばれるコミュニティ組織が存在していた。明治維新後、町組1組に1つの小学校を建設するプロジェクトが始まった。[*30] 資金は住民が出資し、最終的に64校がつくられ、番組小学校と呼ばれた。日本で初めての学区制小学校である。番組小学校を軸とした学区単位での地域コミュニティが、京都市の街づくりを支える重要なプレイヤーとなっていく。大人の運動会である学区民運動会の開催、消防団活動、自主防災組織としての災害訓練など、地域の様々な活動の主体となっている。[*31]

番組小学校に始まる地域に開かれた学校づくりの精神は、今も学校運営協議会として息づいている。保護者だけではなく地域住民の学校運営への参画を促し、交流の機会をつくっている。学校に通う子どもたちにとっては、学校生活では出会うことのない世代と触れ合える貴重な機会だ。

京都市の戦略では、「人が育つまち」として、地域コミュニティを軸とした子育て支援、男性の家事・育児・介護参画のための意識変革支援、京都の多様な地域性（都市部、周辺部、山間部）をアピールしつつ移住者を呼び込む、京都市内の大学を卒業した若者の市内での就労支援——などを掲げている。同時に、町内会への加入率（2018年は68％）を上げるため、民間企業やNPOと連携し、集合住宅内での自治会設立を目指している。

京都市の藤田裕之CROは、レジリエントな街づくりに重要なのは、「レジリエンスのある人を育て活動すること」だと語る。[*32] 心の問題としてのレジリエンス、人間の心のしなやかさや粘り強さ、たくましさが、現代社会の中で失われていることに危機感を持っている。地域コミュニティが助け合いの精神を持ち、行政と一緒になって京都市の財産である文化・芸術・街の景観を維持する努力を続けることが、京都市のレジリエンス戦略の大きなメッセージだ。

●生活に根差した精神文化を含めた文化の継承へ：文化・芸術・産業をさらに発展させるため、京都市内に息づく様々な伝統文化や産業を、特に若年層が身近に感じ体験する機会を増やす。伝統工芸品の海外展開と、マンガ・アニメなどのコンテンツ産業を強みとした他分野との融合を後押しする。

文化遺産を観光資源として活用するため、市内の文化遺産を、京都の地域社会（まち）、文化遺産を支える人や匠の技（ひと）、精神性（こころ）の3つの観点から整理し認定する事業も実施している。[*33] 煌びやかな世界遺産だけではなく、京都に根付く精神文化も文化財の一部である、との考えだ。これまで、「北野・

西陣でつづられ広がる伝統文化」「山紫水明の千年の都で育まれた庭園文化」「世代を超えて受け継がれる火の信仰と祭り」などのテーマが認定され、文化遺産の新しい発信の形となった。各文化遺産をナビゲーションするスマートフォンアプリ「京都遺産めぐり」も開発された。

文化遺産の保全やPR活動を通じて、歴史的な町並みや京都ならではの景観を守りながら、暮らしやすい安全・安心な街づくりを目指す。京町家や空き家の活用、地域住民が景観づくりに参加する協議会の設立、観光客へのおもてなし文化の強化、地産地消の取組みが進められている。空き家の活用については、地域住民やボランティアにより学生向けのシェアハウスとして生まれ変わった事例がある。京都の町並みの特徴である細街路や密集地域の防災に重点的に取り組む防災まちづくりの活動や、観光ガイドに文化財防災や応急手当の担い手となってもらう取組みも進めている。

●京都議定書の精神を今に引き継ぐ：1997年に京都議定書が、2019年にはIPCC（気候変動に関する政府間パネル）京都ガイドラインが採択されるなど、京都は文化・歴史遺産の街としてのみならず、環境先進都市として世界的な認知がある。市内の家庭ごみは2000年をピークに2019年には半減するなど、市民1人ひとりの意識も高い。自動車の利用者が2割減る一方で、公共交通機関の利用者が3割程度増えている。[*31] 祇園祭や葵祭などの祭り文化を支えてきた植物の保全活動や、学校教育や生涯教育における環境教育の実践を進めている。

住民の意識改革の一環として、環境にいい行動をすることを、「DO YOU KYOTO？（環境にいいことしていますか？）」というキャッチフレーズで表現することで、住民や事業者に対して環境にやさしいライフスタイルやビジネスの実践を促している（図2・20）。京都議定書が発効した2月16日にちなんで、毎月16日をDO YOU KYOTO？デーと定め、車利用を控えるノーマイカーや、屋外照明の消灯を呼び掛けたり（ライトダウン）、市内レストランではろうそくやランプの灯りで食事をする京灯ディナーなどが実施されている。

図2・20　京都市の環境マスコット「エコちゃん」（提供：京都市）

政策間連携をＳＤＧｓ、レジリエンスの観点から定期的にレビュー

京都市の戦略の舵取りを担うのは、京都創生総合戦略・レジリエンス・ＳＤＧｓ推進本部だ。レジリエンスとＳＤＧｓについて、〝レジリエンスを課題解決に向けた思考方法や行動様式として用いており、分野横断的に既存の取組みについて見直しをすることでＳＤＧｓの目標相互のつながりを把握し、持続可能な社会を実現する〟[*34]と関係づけている。戦略策定の際にも、市役所内の各局の責任者が集まって政策の横連携について議論するワークショップを実施した。戦略が策定された２０１９年以降、政策強化・融合等推進会議として、議論が続けられている。２０２０年度は「ウィズコロナ、ポストコロナ時代に求められるレジリエント・シティ」をテーマに4回実施した。行政縦割りの打破にとどまらず、将来的な地域コミュニティ、民間サービスとの連携につながる活動として期待されている。

シンガポール —— *Singapore*

トリプルボトムラインに基づいた暮らしやすさを掲げる

およそ50年前の1965年にマレーシアから独立し、都市国家としての歩みを始めたシンガポール。1947年には世界で最も劣悪な環境のスラムが存在する都市としてレポートされて、古くからスラムや衛生環境の悪さ、健康への課題は存在したが、当時の人口は200万人以下。現在のシンガポールは、700㎢の土地はそのままに、人口は500万人を超えた。平均寿命も高い（83歳）。民族構成は、中華系74％、マレー系13％、インド系9％となっている。

シンガポールでは「暮らしやすさ」を生活の質（社会持続性）、競争力のある経済、持続可能な環境の3つの観点から捉えている。社会持続性の観点では、住民の多様な出自・文化・宗教を尊重しながら対立を生まないようにすることを重要視する。2017年には、民族の垣根を越えて結婚する国際結婚のカップルは婚姻総数の3割となった。経済持続性では、オープンエコノミーの推進、世界の輸送拠点としての成長、投資を呼び込む環境整備を掲げる。環境持続性では、開発よりも景観を優先して、公衆衛生を徹底し、隣国マレーシアから水を輸入するなどして水資源へのアクセスを確保する。国土の5割を緑地が占め、リサイクル率は20％となっている（図2・21）。

ショック（短期的課題）	ストレス（長期的課題）
・自然災害（洪水）	・限られた天然資源
・事件／事故	・人口動態の変化（多様化・少子化・高齢化）
・経済危機	・気候変動
・テロ・暴動	・世界経済の不安定
・停電	・テロ

図2・21　シンガポールのショックとストレス

生活インフラの強化からコミュニティの強化へ

シンガポールがこれまでの都市政策の中で中心的に行ってきたのは、住民の日常生活を支えるインフラのマネジメント、食料・住宅の確保、街の緑化、個人のスキル向上など教育の機会の提供である。

●**生活インフラの強化**：シンガポールの地理的特徴として、熱帯地域に属していながら、土地が小さいため常に貯水に問題を抱えている点がある。2060年には水使用量が現在の2倍に増加するとの試算もあるため、水インフラへの投資は重要な課題となっている。海水を淡水化する3つ目のプラントが2018年に完成し、今後新たに2つのプラントの建設が予定されている。家庭用の生活水は雨水と海水から、工業用水はこれに加え使用済水の再利用により賄われている。

1965年の独立当初は部分的に食料生産を行っていたシンガポールだが、工業化と人口増加に伴う住宅需要で農地が減り、輸入に頼らざるを得なくなった。2013年には食料安全のロードマップを作成し、輸入元の多様化、海外生産地への投資、備蓄の強化、自国生産力の強化などを中心的な戦略に掲げた。

住宅に関しては、市民の80％が、高層で密集した公的住宅に住んでいる（居住者の9割は住宅を保有する）。異なる民族背景を持つ世帯を隣り合わせにしたり、家族構成が異なる住民が同じ集合住宅内に住む環境をつくるため、部屋数の異なるいくつかのフラットを建てるなど、住民の入居計画にも工夫を凝らしている。

●**街のグリーン化と気候変動への対応**：シンガポールは環境先進国だ。1963年に当時のリー・クワンユー首相が毎年1万本の樹を植える植樹プログラムを開始した。1968年には、街のクリーンプロジェクトが始まっている。1972年には日本の環境省にあたる行政組織をつくり、1975年には公道に植樹スペースを設けることを義務化した。急激な人口増加と都市化にも関わらず、シンガポールの緑化率は47％にまで上昇している。

2009年からは、「サステイナブルシンガポール ブループリント」という、環境省と開発省の協働プログラムが始まった。対話や調査を通じて13万人の市民の声を集め、街にさらなる緑と水スペースを増やすこと、排水システムを改善すること、エコスマートハウスの導入、公共交通システムや自転車を活用しながら自動車に頼らない社会活動の推進、ウォーキング習慣を身に付けることで健康に、リサイクルを強化してごみゼロ、グリーンエコノミー（グリーンマークアワードの創設や、太陽光発電を設置した建物の建設）の推進などが盛り込まれた。

●**未来に向けた、対話とコミュニティの強化**：今後数十年にわたり、シンガポールの暮らしやすさを阻害すると考えられる要因は、大きく気候変動と社会動態の変化だと捉えている。2030年には65歳以上が人口の25％にあたる90万人を超え、20歳から64歳までの労働人口の減少が予想されている。高齢者を支える現役世代の数は減っていく。一方、居住権を持たない雇い労働者は増える傾向にある。

公的な援助に頼るだけではなく、コミュニティの助け合いによって課題に取り組む姿勢が鮮明で、これまで、学校教育にデザインワークショップを取り入れてコミュニティへの帰属意識を学ぶ機会を設けたり、市民農園をつくって市民同士のふれあいの場としたり、公園や誰でも遊べる公共スペースを増設してきた。２０１２年からはエンゲージメントの文化を根付かせるための市民との対話プログラム「私たちの会話」が始まった。２０１５年には生涯学習プログラム（未来のスキルプログラム）を開始して、市民が選べる教育機会、スキル訓練、キャリアなどを分かりやすく伝えることを始めた。市民が年齢を重ねるごとにどのような教育やスキル訓練の機会があるのかを、すごろくのようなビジュアルで表現している。

ユニークな取組みとして、図書館やショッピングモール、大学などを通じて４０００人を超える市民と「どうやったら楽しく年を取れるのか」について対話を重ねて策定した〝楽しく年を取るための行動計画〟がある。健康、運動、学び、ボランティア、働く、暮らす、交通、公共スペース、尊敬と社会的結合、定年、高齢者ケア、などの分野で70のイニシアティブが提案された。キーとなるアクションは、定年退職の年齢の引き上げ、シルバー人材を育成するシルバーアカデミーの活用、シニアボランティアの募集だ。高齢者の共助を促すボランティア活動もＮＰＯを中心に活発に行われている。

コロナ禍におけるレジリエント対応パッケージ

新型コロナウイルス禍のシンガポールでは、感染者の10人中９人が、公的病院ではなく地域コミュニティ

（民間やボランティア）が提供する施設で処置を受けたと言われている。[*35] メンタルヘルスケアは、元々は公的な医療サービスのパッケージに含まれていなかったが、新型コロナを機に精神に関する個別相談の重要性が認知されるようになった。特に強い影響を受けると考えられる1人暮らしの高齢者や、既に何らかのメンタル上の問題を抱えている人々の特定にも、コミュニティ活動をベースとしたNPOなどが活躍した。[*36] シンガポール政府は、新型コロナ禍における公的な医療サービスの拡充と、苦境にある労働者やビジネスへの救済を軸とした、日本円にしておよそ90億円の政策パッケージ（COVID–19 レジリエンスパッケージ）を2021年の予算に計上した。[*37]

シンガポールは、独立直後の生活環境の劣化を乗り越え、1960年代から街のグリーン化に取り組んできた。綿密な計画に基づいた都市計画が実行され、多数の草の根的なコミュニティ活動が社会の持続性を支える。未来に向けた対話の中には、2016年から始まった、多業種から30名の代表が集まり、グローバルな観点からシンガポールの経済戦略を議論する「未来の経済委員会」という取組みもある。楽しく年を取るための行動計画と合わせて、ユニークな切り口が参考になる。

5 気候変動・自然災害・人口減少

このカテゴリーでは、都市が直面する課題、システムの考えでいうところの外部変動への適応に注力している事例をご紹介する。

気候変動や甚大化する自然災害への対応能力を上げることは、どの都市にとっても無視することのできない課題となっている。自然災害のような未知の脅威に直面した際、行政サービスをどのように維持するのかを考える必要がある。アメリカのサンフランシスコでは、デジタル活用により次世代への啓蒙を充実させ、行政サービスの継続性を担保しようとしている。タイのバンコクでは、従来力を入れてきたハード対策からコミュニティ力の強化へと舵を切った。インドのチェンナイでは、都市生活を支える生活インフラの質の改善を第一に、データ活用による状況把握能力とガバナンスの強化を目指している。

日本の富山市では、人口減少が進みこれまでのように行政サービスの提供やインフラの維持コストを自治体が丸抱えすることが非現実的になっていることから、交通網を整備しながら人口を集約するコンパクトシティの取組み、地域住民が一体となって街づくりに臨む未来共創が進む。

サンフランシスコ・アメリカ —— *San Francisco, USA*

自然災害の脅威に直面

アメリカ西海岸の中心都市であるサンフランシスコの２０２０年の推定人口は89万人。今後人口増加が続き、20年後には人口１００万人を超えると予想されている。１００万人都市（ＳＦ@１Ｍと表現される）をマネジメントする能力の強化が、戦略策定の大きな目的である。

ショック（短期的課題）とストレス（長期的課題）

・地震	・老朽化するインフラストラクチャー
・気候変動	・社会的不平等
・海面上昇	・住居費の高騰

図2・22　サンフランシスコのショックとストレス

サンフランシスコは太平洋プレートに面しており、日本と同様地震が多い。今後30年の間に、マグニチュード7・0クラスの地震がサンフランシスコ周辺で発生する確率は76％と予想されている。1989年にサンフランシスコが属するカリフォルニア州北部で発生したロマ・プリータ地震はマグニチュード6・9の規模で、震源地はサンフランシスコ市から少し離れていたにも関わらず、市内は大きな被害を受けた。時代をさかのぼれば、1906年に起こったマグニチュード7・8のサンフランシスコ地震では、3000人近い死者を出したといわれている。

気候変動による干ばつ、乾燥による森林火災も定期的に発生している。水不足の一方で、ゲリラ的な豪雨は増えている。気候変動により、2100年までに約1・7mの海面上昇が予測されている。

自然災害の脅威だけではなく、世界の他の都市と同様、道路や水道、橋といった物理インフラの中には、耐久期間を過ぎてもまだ修繕や交換が追い付いていないものもある。なお、老朽化するインフラストラクチャーには、物理的な生活インフラのみならず、食料サプライチェーンやソーシャルネットワークも含まれる。住宅費は上昇を続けていて、およそ半数の市民が世帯収入の3割を超える住居費を支払っている。

サンフランシスコが長く政策に掲げてきた平等性や公平性はまだ達成されておら

ず、社会的公平性や社会的包含性（インクルージョン）の実現は、市が持続的な成長を続けるうえで重要な課題となっている（図2・22）。

テクノロジーを活用した備えとパートナーシップづくり

サンフランシスコでは、戦略の実現のため、2016年にレジリエンス・リカバリーオフィスを新設した。現在はレジリエンス・キャピタル・プランニングオフィスとして街の公共アセットの保全や持続可能性に関する業務を遂行している。2021年現在は、街のインフラストラクチャープロジェクト、新型コロナウイルスのタスクフォース、地震への備えに関する3つの業務が平行して走っている。[*38] サンフランシスコの戦略は、備え、適応、住宅供給、コミュニティ力向上の4点を掲げる。

●**次世代のための備え**：SF72プラットフォームと呼ばれる、次世代に共助の大切さを伝え、災害への備えとコミュニティづくりを支援するプラットフォームづくりが進んでいる。このプラットフォームから、災害などの非常時における交通・道路状況や津波・洪水警報、生活支援情報などが配信される。災害に対する備えの意識付けを行うとともに、若い世代がコミュニティを形成する機能を備えている。サンフランシスコでは、日本と同じように、市民と一緒に定期的な防災訓練を実施している。アラートSFと呼ばれる、日本でいうところの登録型メール配信サービスも持っている。SF72プラットフォームがアラートSFと異なるのは、ターゲットを次世代に絞り込んで、より深いレベルでのコミュニケーションを達成しようとしている点だ。

●**公共サービスのデジタル化**：市内にある建物の耐震対策も進められている。1978年よりも以前に建てら

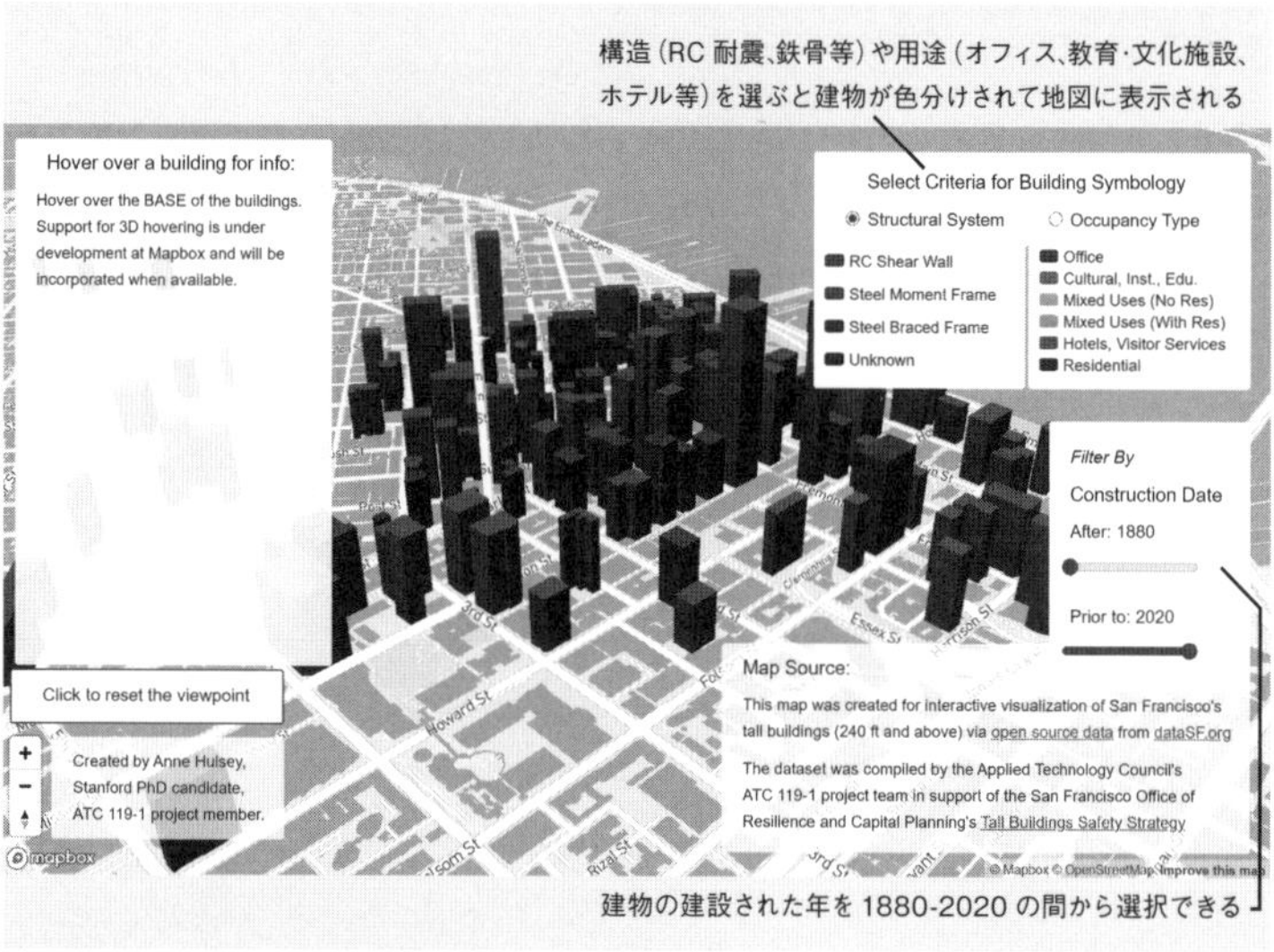

図 2・23　サンフランシスコの高層ビルマップ
（出典：https://annehulsey. github. io/SF_Tall_Buildings/）

れた木造建築による建物を改修することで、18万人の市民の安全性を高められるという試算がある。市のウェブサイトには、1880年以降に建てられた市内の高層ビルのマップが公開されている（図2・23）。建物が建てられた年代や建物の構造別に、表示する建物をインタラクティブに変えることができるビジュアルマッピングだ。住民の意識啓発と、今後の都市計画に使われる。

サンフランシスコは、公共サービスのデジタル化に力を入れる。従来市役所では対面のコミュニケーションを重視していたが、市民が気軽に市にオンラインでコンタクトできる文化をつくること、さらには公共手続きの簡略化を進める計画がある。具体的には、手続きの承認システムをオンラインに移行することで、プロセスの透明化とステップの明確化を目指す。利用者が次に何をすれば良いのか、分かりやすく明示することが求められている。

サンフランシスコでは、地震が発生した際、建物が倒壊しない限りにおいてはできるだけ住民が家の中で避難生活を送る「ホームシェルター」の考え方を取っている（地震に強い住宅の建設を行政がサポート）。デジタル化は、ホームシェルター生活が続いた場合の行政サービスの提供手段として有効だと考えている。新型コロナウイルスの登場により人々が外出できなくなると、現実にひっ迫したニーズとなった。紙と対面による伝統的な手続きから脱却し、テクノロジー活用と市民のリテラシー教育により、従来の「当たり前」を変えようとしている。デジタル化をゴールとするのではなく、デジタル化により何を達成したいのかを明確にしている点が素晴らしい。２０２５年までに90％以上の申請をオンラインに移行する予定だ。

●パートナーシップづくり：サンフランシスコ市のレジリエント戦略には、ほかの多くの都市と同様に、多数のステークホルダーが関わる。民間企業の専門性を活かした協働の強化や、地域・州単位でのパートナーシップづくりにも力を入れる。日本で一般的な、行政と企業の「委託―受託」の関係性を超えて、ゴールを達成するためのパートナーとして、対等の関係性を構築しようとしている。このときに行政側の窓口となるのが、先にご紹介したレジリエンス・キャピタル・プランニングオフィス（ＣＲＯが指揮をとる）となる。サンフランシスコに隣接するオークランドやバークレー、ロサンゼルスのレジリエンスオフィスとの連携も積極的に進めている。

ステークホルダー連携の一環として、様々なテーマでの対話が続けられている。例えば、市内の私立学校における地震への備え、5階建て以上の建物の外観の保全、木造建築の建て替えなどのプログラムが走っている。

環境に優しい街づくりの推進

サンフランシスコ市役所は、パレードやフェスティバル、ときにはデモが行われる、賑わいのある市内中心部に位置している。気候変動や干ばつといった不測の事態に備え、市内中心部の持続性を高めるプロジェクトが進行している。地下水を利用した水道システムの構築や、エリア内の電力消費を再生可能エネルギーに移行（太陽光パネルや廃物の活用）、持続可能性に関する市民教育プログラムなどだ。エネルギーシフトは、サンフランシスコ市内を走る公共交通機関にも適用され、２０５０年までに温室効果ガス１９９０年比40％削減を目指す。海面上昇に対応するため、ウォーターフロント地区の再開発も計画している。

サンフランシスコの戦略には、市民が主体の災害対応チームをつくり、２０００人の市民を訓練する、２０２５年までに18万人の住宅を改築する、交通システムのエネルギー源を再生可能エネルギーに移行する――といった具体的なＫＰＩが掲げられている。環境に優しい街づくりの先進をいくカリフォルニアの都市らしく、環境に配慮しながら、ソフトとハードの両面から自然災害の脅威への対応能力を高めようとしている。

バンコク・タイ ―― *Bangkok, Thailand*

天使の都は洪水リスクに悩まされる

バンコクは、タイ語でクルンテープ＝天使の都という。タイの首都となったのは1782年。1950年代から世界との貿易が始まり、2000年代には車、電子機器、プラスチックなど、世界の製造業を支える産業立国となった。チャオプラヤ川を抱える1500㎢の土地に、800万人が暮らす。過去6年間で20％を超える経済成長を達成した、アジアでも指折りの発展都市だ。年間2000万人から3000万人ほどの観光客が訪れる観光大国でもある。人口増加率は1980年代をピークに減少しているものの、プラスの増加率を保っている。

バンコクは、メキシコシティについで世界で2番目に渋滞がひどい都市（1日平均870件の新規の車両登録、1000件を超える新規バイク登録がある）であり、アジアの首都の中で最もグリーンエリアが少ない都市（1人当たり緑地面積は他都市平均の10分の1程度）の1つでもある。生活ゴミの増加（2014年からの10年間で3割増える試算）にも悩まされている（図2・24）。

バンコクでは、毎年モンスーンの季節になると、チャオプラヤ川の氾濫に悩まされてきた。川の氾濫は周辺土壌を肥沃にするプラスの側面も持っているが、市民生活への影響も大きい。人口が増加し続けるバンコクには特に大きな脅威となる。気候変動により雨量が増えており、農業と工業地帯のニーズを同時に満たす

ショック（短期的課題）	ストレス（長期的課題）
・医療アクセスの確保 ・交通渋滞（ストレスにつながる） ・洪水	・グローバル経済への依存、経済危機 ・大気汚染 ・高齢化 ・ごみ処理 ・生産性の低さ ・健康被害（伝染病含む）

図2・24　バンコクのショックとストレス

ような治水は難しくなっている。

水や電気といった基本的な生活インフラが整備されていない場所に住む人々も増えている。彼らの多くはバンコクの外から仕事を求めてやってくる。人々は狭いスペースに密集して、スラム化してしまう。彼らは、チャオプラヤ川が氾濫を起こすと最もリスクにさらされる。

自然災害への対応方針を転換

バンコクの戦略の柱は、第一に生活の質の向上だ。そのうえで、街を襲う最も大きな脅威である自然災害に対しては、２０１１年の洪水以降、主にチャオプラヤ川沿いの排水トンネルを建設することで対応してきたが、ハード面だけの対策には限界があると感じている。戦略に関わった地域コミュニティのリーダーは、「２０１１年以降、堤防などの建設が進んだが、私たちはいまだ洪水の警報システムや地域コミュニティの避難に関するガイドラインを持っておらず、災害弱者と呼ばれる人々を守ることができていない」と述べている。[*39]

●**健康、交通、生活インフラから生活の質を向上**：バンコクでは食の欧米化や住民の高齢化が進み、若い世代の心臓病やうつ病が増加傾向にある。

2017年から、21歳以上の市民を対象に、日常生活での食生活の改善や早期発見を目的とした糖尿病と高血圧の検診を実施している。バンコクが掲げる「生活の質」は、第一には医療・健康サービスへの平等なアクセスを指している。移民労働者の間で毎年伝染病が流行することから、移民労働者の居住地を対象とした大規模な伝染病監視プログラム（ワクチン接種、衛生環境の改善、健康相談）を実施する。

市内の交通渋滞を減らすために、安全で便利な交通システムの構築も喫緊の課題となっている。モノレールの延伸（計45駅の新設）と、市内と空港をつなぐライトレール、リアルタイム交通状況のモニタリングシステムを導入する計画。加えて、オフピーク／ピーク時の道路利用に関する調査を行う予定だ。

日常を支える生活インフラとして、汚水処理・水管理、ごみ処理（廃棄物発電プラントの導入）を進めるとともに、電気自動車・電気自転車の利用を促進し、グリーンスペースを増やす。

●**コミュニティの災害対応力を強化**：バンコクは元々チャオプラヤ川の洪水とともに成長してきた街であるが、近年の気候変動によりこれまでとは異なるレベルの大雨や洪水が発生するようになった。堤防や橋などのハードなインフラ構築に頼っていたこれまでの対策から脱却し、住民のリスク認識や事前準備といったソフト面での対応を強化する考えだ。チャオプラヤ川下流域の洪水リスクについて調査を行い、バンコクが抱える脆弱性を洗い出して整理する。そのうえで洪水時の行動計画を策定する。洪水をもたらす突然の豪雨を事前に予測するために、気象予報システムを改善する。

チャオプラヤ川流域の24㎢にあるおよそ1000件の建物を対象として、洪水リスクの指標を作成し、リスクの啓発を行う。加えて、住民がこれまで経験した洪水の教訓を共有するためのコミュニティスペースを創ろうとしている。地域のコミュニティ強化に携わるバンコクの研究センターのスタッフを中心として、地域コミュニティの住民リーダーを巻き込みながら、住民1人ひとりが土地に対する理解を深め、いざという時の行動について学ぶ、ヘルシースペース（Healthy space）と呼ばれる啓発プログラムが始まっている。[*40] 学校教育でも、自分の安全を自ら守るための防災教育の機会を設けるほか、学校の外にも災害教育センターを設けて、広く過去の教訓や災害時に必要な行動について学ぶ機会を提供する。

また、市役所のスタッフの能力向上策として、リスク情報を一元的に管理するデータバンクを構築し、物資や車などのリソース管理を行う計画もある。データバンクは地理空間システムと連携して、実際に洪水が発生した際の対応をサポートする。また、ASEANの他の国々と協力して、災害マネジメントの標準的な対応手順の作成、職員の合同訓練、知見を共有する協働のプラットフォームづくりを目指す。

グローバル経済とコミュニティ経済をバランス良く

コミュニティにアプローチする手法は自然災害への備えだけではなく、経済活動にも応用されている。バンコクの経済は輸出と観光に大きく依存しているが、グローバル経済への依存度は裏を返せば地域の自立をはばむ脆弱性にもつながるため、産業や雇用機会の多様化を推進したい考えだ。1つの方向性として、コミュニティベースの経済を育む構想がある。従来経済活動のループに入ってくることのなかった移民労働者・ノマドと呼ばれる人々・高齢者を巻き込み、マイクロビジネスの機会を提供する。特に、地域ビジネスとして農業を活性化させたいと考えている。街中の農地を守ることは洪水のインパクトを減らすことにもつながるため、農業従事者を増やす。新しく農業に従事する人向けの経済的なサポートや、相談支援を行う。地域コミュニティで共有可能なソーラーパネルの導入も予定している。

地域ビジネスの活性化を後押ししながら、2030年に世界の経済と知識のハブ都市になる未来像も描いている。経済と知識のハブ都市の実現を支える、市役所内300を超える部署の職員に教育機会を設ける考えだ。街の成長の原動力となっている観光業も重視しており、中小規模の観光業やサービス産業の経営者に向けたスキル支援プログラム（市内の文化遺産の紹介・アピール方法などを伝授）を展開するほか、ステークホルダーマップの作成を通じた役割分担の明確化を図る。観光客が安心・安全に市内観光ができるように、オンライン上での情報提供を行うとともに、緊急時のアラート情報を積極的に掲出しようとしている。

地域経済活動の活性化、特に農業活性に力を入れることで長期的な洪水のリスクを減らそうとしている点は、課題間の関係性を捉えた良い着眼点といえる。

チェンナイ・インド —— *Chennai, India*

生態系や自然環境を無視した都市開発

チェンナイは、南インドの東海岸、ベンガル湾に面する街だ。1996年まではマドラスと名乗っていた。マドラスはイギリス統治下に付けられた名称で、チェンナイはイギリス統治前に使われていた地域名に由来

ショック（短期的課題）	ストレス（長期的課題）
・洪水、干ばつ、地震、津波	・無計画な都市化 ・水管理 ・気候変動（温暖化、海面上昇） ・サイロ化したガバナンス ・スラム

図2・25　チェンナイのショックとストレス

している。16世紀頃、漁港の集まりとして形成された集落は、21世紀にはインドで4番目に大きな都市へと成長をとげた。特に過去20年間の経済成長は目覚ましい。IT産業、自動車産業、医療産業を中心とした、インドを代表する国際都市だ。860万人の人口を抱えるまでになった。

　綿密な都市計画を伴わない急激な都市化が、チェンナイが抱える課題の元凶となっている。10年に一度は大規模洪水に見舞われ、2000年代後半からは毎年のように洪水、ハリケーン、干ばつの脅威にさらされているものの、人口増加（過去40年間で2倍以上に急増）に伴う無計画な地域開発により、生態系バランスの維持や洪水のインパクトを軽減する自然の治水システムが機能しなくなった。[*41]自然災害のリスクを可視化するハザードマップは作成されておらず、気候変動や海面上昇に対する人々の認識も十分とは言えない状況である（図2・25）。

　〝レジリエンス〟についてチェンナイ市民との対話の結果、多くの市民が「生態系」や「持続性」「インフラストラクチャー」「緑と水」「計画・デザイン」との認識を持っていることが分かった（図

図2・26 「レジリエンスとは何か？」に関するチェンナイ市民との対話結果のワードクラウド（出典：*RESILIENT CHENNAI STRATEGY KALEIDOSCOPE*, p.12）

2・26）。別の調査では、チェンナイが抱える都市課題について、ゴミ・汚水処理、水資源へのアクセス、自然災害、住宅、土地の浸食、渋滞が挙げられた。また、4割近くの市民から、市内のインフラの改善と整備を求める声が寄せられた。[*42] 実際、2015年の大洪水の甚大な被害は〝人災〟と認識されており、ゴミ処理場の拡大が排水用地を圧迫し、自然の水溜めや池がなくなったことで市内に大量の水が流れ込んだと言われている。[*43] 結果として、およそ25日分、100万tものゴミが街中に溢れてしまった。都市課題が複雑に絡み合い、結果として日常生活に重大な影響を与えることになった。

住民の意識と行動変容を促す

2015年の洪水の被害は、チェンナイ市民にとって忘れることのできない記憶となった。レジリエンス戦略の中でチェンナイは、健全な都市化、水資源の管理、データに基づいた都市計画、スラム対策、気候変動への対応、市民の啓発や教育、知識・教訓共有のためのキャンペーンを優先テーマに掲げた。

●**課題間の関係性を踏まえた都市計画**：ゴミ処理場の拡大、治水システム、洪水リスクなどの社会課題は相互に強い関係を持っている。課題間の関係性を考慮しながら都市計画を進めることが必要だ。まず取り組むのは、気候変動がチェンナイに与えるリスクの特定と、低炭素社会を実現するための数値目標の設定だ。街中の緑と水資源を守るため、外的環境から脆弱な生態系と農業用地を地図上で可視化し、自然の治水システムを守りながら将来的な開発を規制する。

対市民・産業界に向けては、「意識を変える　行動を変える」をスローガンとして、気候変動に対する意識を高め日々の行動変容につなげる施策を打ち出している。地元大学と協力して、地域開発を担う不動産業界を対象とした、環境に優しい都市開発やデザインに関する教育ワークショップを開催する。2019年から使い捨てプラスチックの利用禁止を進め、リサイクル収集スポットの設置や、ごみの分別により、特にリサイクルに注力する。水資源の大切さやゴミ問題への意識を高めるため、チェンナイを代表するクリエイティブエージェンシーがプロボノの一環としてポスター制作に協力し、ソーシャルメディアも活用しながら啓発・教育プログラムを行っている。

行政内部においても、都市生活を支える地下インフラに関する情報が一元化されていないため、排水システム、下水道、通信網の設置データベースを構築する。廃棄物をエネルギーに転換させるためのプラントや有機分解施設（ゴミ全体の45％が微生物による分解が可能と試算）を建設するとともに、バイオガスなどを用いたエネルギー源へ転換を進める。

- **状況把握能力の向上により災害リスクを減らす**：水の消費モーターの設置、雨水管理・貯蓄システムの強化、チェンナイエリアで再利用されている水についての情報が分かるオンラインプラットフォームの構築を通して、現在街で自然資源がどのように使われているのかを把握する。これらは、地下インフラデータベースの整備につながる。日々の状況を把握することで、いざ災害が発生したときの対応能力が上がると考えている。

干ばつ、ハリケーン、地震や津波に対する地域の脆弱箇所とリスクを示すハザードマップを作成し、異常気象に対する事前の警報システムを開発する。さらに、洪水に備え、河川の水位をリアルタイムにモニタリングするツールを開発する。河川の水位情報や気象情報を、チェンナイの自然災害コントロールルームに集約することで、迅速な意思決定につなげる。災害時にサポートが必要な人々の支援を強化するため、財産を保管するストレージや避難場所の事前確保、食料や水、衣料品などの支援物資も準備する。

2015年の洪水以降、市民の間でソーシャルメディアを使った物資ニーズの情報交換が主流となったため、ソーシャルメディアを活用したボランティア組織を強化する。事前の備えを訓練するための市民啓発プログラムも積極的に実施しながら、〝人災〟と言われた2015年の洪水対応から進化しようとしている。

データ活用によるガバナンスエコシステムの強化

チェンナイの主要産業にIT業界が入っていることから、データを活用した都市経営にも積極的だ。ガバナンスの改善、行政組織間のデータ共有を主要な政策課題としている。地理空間データ、地域の人々の移動情報、交通などの動態情報のレポジトリを構築し、共有する。物理的な情報共有センター（関係者が集まり情報共有、データのアップデート、スタッフの教育、シナリオに基づいたシミュレーションモデルなどを構築するための場所）とバーチャルなプラットフォーム（地図などを用いたデータの分析やディスカッションの場）の両方を運営する。

日々の行政業務における情報共有を円滑にするため、各部署にミーティング情報、現場情報、教育プログラム情報などがリアルタイムに掲載されるデジタルディスプレイを設置する。また、市民とのコミュニケーションツールとして2018年に開発したモバイルアプリの活用を促進する。モバイルアプリでは、出生届・死亡届の提出と固定資産税の情報が閲覧できる。今後機能を拡張して、より市民生活の利便性を高めたい考えだ。チェンナイが抱える課題の1つであるスラム対応についても、過去のデータからスラム形成のパターンを分析して、スラム移動の際の距離を5㎞圏内に制限する。

富山・日本 —— *Toyama, Japan*

高齢化と人口減少に直面

富山市は、ロックフェラー財団の100RCプログラムが始まった当初、日本から唯一選定された。1242㎢の面積に約42万人が住む中核都市で、市内の70%が森林や耕作放棄地である。伝統的な産業としては医薬・精密機械産業などがあり、近年はロボティクス産業も盛んになっている。女性の就業率が高い都市としても有名だ。2018年に内閣府の「SDGs未来都市」と「自治体SDGsモデル事業」に選ばれた。[*44]

ショック（短期的課題）	ストレス（長期的課題）
・洪水、地震、土砂崩落・土石流 ・インフラの破損	・人口減少・高齢化 ・インフラの老朽化（市域が広いため維持コストが高い） ・気候変動

図2・27　富山のショックとストレス

富山市のレジリエンス戦略の根底にあるのは、２００３年ころから取り組むコンパクトシティ構想だ。〝公共交通を軸とした拠点集中型のコンパクトなまちづくり〟が、富山市の掲げる街づくりの重要な理念になっている。２００５年に7つの市町村が合併して誕生した現在の富山市は市域が広く、また、可住地が平坦なことから市街地が拡がりやすく、住民の生活を支えるインフラの維持コストが高くなる。コンパクトシティ政策により中心市街地を含む市内14地域の拠点とそれらをつなぐ公共交通機関の沿線を居住推進地区とし、公共交通機関によるアクセスの向上などを通して、２０２５年までに住民の42％がこれらの地域に居住することを目標に掲げた。[*45]

富山市が直面する大きなチャレンジは、高齢化と人口減少である。市内の65歳以上の住民割合は25％を超えており、今後30年の間に38％まで上昇すると推定されている（図2・27）。

旧市町村の7つの中心地区の魅力を高め移住促進

富山市の戦略は、活力にあふれ世界に誇れる革新的な都市、観光玄関口、レジリエントで環境共生型の生活を志向し、コミュニティの絆が市民の生活を支える都市―をビジョンとして掲げた。人口増加を前提とした都市計画から脱却

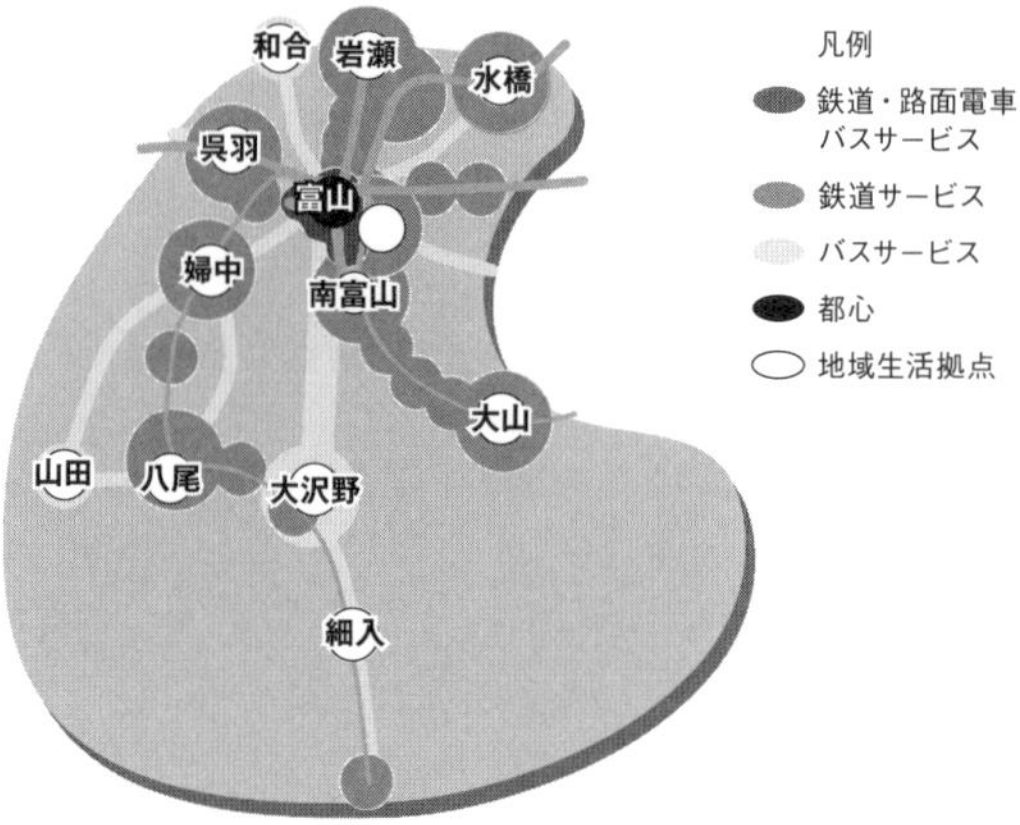

図2・28　富山市が目指すお団子と串の都市構造。串は、一定水準以上のサービスレベルの公共交通でつながる。お団子は、串で結ばれた徒歩圏（提供：富山市）

し、公共交通沿線への人口と都市機能の集約を進め、インフラの維持コストを抑えながら持続的な街づくりを目指している（図2・28）。

●中心部に住むインセンティブを創出：コンパクトシティの取組みではまず、富山駅を中心とした公共交通ネットワークの充実を目指した。2006年に開業した富山ライトレール（富山駅北〜岩瀬浜を結ぶ路面電車）を皮切りに、2009年には環状線が開業、2020年には路面電車の南北接続が完了し、車を持たなくても南北東西の主要エリアへのアクセスが容易になった。新規出店する店舗に補助金を出したり、中心地の目抜き通りにあたる大手モールや富山駅でのフェスティバルやイベントを積極的に開催するなど、人を呼び込む施策を打ち続けた結果、路面電車の利用者は増加し、中心部への人の流れはマイナスからプラスに転じた。2015年には大手モールのほど近くにTOYAMAキラリという施設が完成し、ガラス美術館や図書館が入り、賑わいを見せている。

中心部への住民の定住促進にも注力しており、中心部に病院や在宅医療を中心とした診療所を設けたり、当該エリアに居住する際の家賃補助（3年）や住宅購入の際の補助金、共同住宅を建設する事業者向けの補助金など、様々な取組みが功を奏して、中心部に住む住民は増加している。

●フィジカルな街のコンパクト化を補完するデジタル活用：物理空間における街の機能のコンパクト化を補完するためのデジタル活用にも力を入れる。2011年には住民基本台帳（住民票に記載される住民1人ひとりの住所・氏名・生年月日・性別などが記録された台帳）上の個人に座標位置を付与した。結果的に市内の人口分布が地図上で把握できるようになり、コンパクトシティの検証につながった。

現在は、市内に設置されたセンサーから取得したデータを、IoTプラットフォームに集約する仕組みを整えている。新しい街のサービスを開発するため、行政だけでなく、民間事業者も利用できる共通基盤として、省電力で長距離通信が可能な通信ネットワーク（市内居住エリアの98・9%をカバー）とともに整備した。これらの基盤を活用したパイロット事業として、同意を得られた児童を対象に、登下校の際にどの道を通っているかを把握する「こどもを見守る地域連携事業」が2018年に開始された。2019年からは企業や大学などからIoTセンサー開発などの実証実験事業の公募を始め、2019年度は23件、2020年度は22件を採択し、ゴミ処理、防災、駐輪場の混雑状況、人流の見える化などの実証事業が実施された。

富山市が主体となりIoTプラットフォームや通信網を活用している事例としては、スマート農業、河川水位のモニタリング、消雪装置の稼働状況の把握などがある。スマート農業ではエゴマ栽培で気象や土壌の情報を取得しながら、1つ1つの農作業にどのくらいの人力や費用がかかったのかを把握し、ドローンを飛ばして生育状況を管理している。

市としては、住民との顔の見える関係性を維持するため、今後も市内の出先機関を維持したいという思いがある。一方で、人口が減る中で、人の手をかけずに済むものについてはデジタル化を進めたい考えだ。道路情報や地下インフラの情報を一元管理するライフライン共通プラットフォームも構築された。街中で生成されたデータをサイバー空間でつなぎ、街の新しいサービスや価値に還元する取組みが始まっている。

人をつなぎ富山の魅力を高める未来共創

街のコンパクト化と人の省力化のためのデジタル活用を推進する一方で、富山の未来のビジョン（ありたい姿）に関する対話や公共領域を担うプレイヤー育成の取組みも始まっている。人口減少と、それに起因する税収の落ち込み、多様化・複雑化する地域課題を行政が丸抱えして解決にあたる現在のやり方には限界があるとの問題意識のもと、産学官民が連携して地域課題に取り組み、トライ&エラーで自分たちが思い描く理想の未来を創る「未来共創」の取組みがスタートした。富山市は、民間の20～40代の若手を中心とした7名からなる「とやま未来共創チーム」とともに未来共創を担う。とやま未来共創チームは、2020年9月に完成した未来共創拠点施設「Sketch Lab（スケッチラボ）」（富山駅からほど近いビルの3階部分、180㎡程度）の運営も担当している。スケッチラボに込められたのは〝未来を描ける場所〟と言うメッセージだ。スケッチラボでは、人々の交流を目的としたリレートーク形式のイベントやデータサイエンスに関する講座、SDGs に関するイベントなどが提供されている。

２０２０年９月から12月にかけて、市が主催となりワークショップ形式のとやま未来共創会議を実施した。35名の参加者と一緒に、自分たちがつくりたい富山の未来について話し合い、ありたい姿（とやま未来共創ビジョン１・０）を共有した。未来共創の取組みを担当する未来戦略室のスタッフは、「熱い思いを持って自ら富山を良くしていこう、という人々とのつながりを得る機会は、これまでの業務では少なかった。卒業とともに富山を離れる学生に対して、卒業した後も富山で色々なチャレンジができる、ということをもっと体感してもらいたい」と語る。

富山市の戦略は、行政に全てを頼るのではなく、地域の力で問題を解決する力を重視する。未来共創のコンセプトであるトライ＆エラーの精神で、これまでであれば踏み出す前に諦めていたことに一歩進む環境づくりを目指している。

6　デジタル活用

ここまでご紹介した全てのカテゴリーで、社会課題への適応能力を高めるためのデジタル活用が随所に散りばめられていた。最後にご紹介するのは、人材育成やコミュニティの活性化のためにデジタルを活用しているイギリスのグラスゴーと、世界遺産エリアである市中心部への交通アクセスが課題となっているマレーシアのマラッカだ。いずれの都市においても、IoTセンサーなどから取得したデータをつないで街の安心・安全を守るオペレーションセンターの構築を掲げる。ここで鍵となるのは、地理空間データの活用だ。

デジタル活用による街づくりの事例は、5章でも詳しくご紹介する。

グラスゴー・イギリス —— *Glasgow, UK*

人口増加によりエネルギー・交通インフラへのニーズが高まる

グラスゴーは、イギリスの北部に位置するスコットランドの中心都市だ。産業革命のきっかけとなった、蒸気エンジンの着想をジェームズワットが得たのが254年前。グラスゴー市内の緑道を歩いていたときだという。その産業革命の恩恵を受け、19世紀後半には大英帝国第二の都市にまで発展した。特に造船業による産業が栄え、20世紀には人口が110万人に迫ったものの、1990年代には半分程度の60万人弱となった。2018年の人口は62万6000人強で、2011年の59万3000人から増加傾向にある。金融業を中心に発展を続けているスコットランド最大の都市である。

「グラスゴーは単なる建物や道路の集合体以上のもの」というメッセージを掲げ、未来のグラスゴーについて想像・創造する「未来のグラスゴー」プログラムを2013年から開始した。[*46] キーワードは、〝People Make Glasgow（人々がグラスゴーをつくる）〟である（図2・29）。

グラスゴーでは、2037年までに人口が15％増加（2017年比）すると予測している。産業化により街の発展をとげた19世紀から、21世紀型の低炭素社会を目指してトランスフォーメーションのさなかにい

図2・29　グラスゴー市内。右奥のビルの壁に“People Make Glasgow”とのスローガンが見える（2017年撮影）

る。英国、さらにはＥＵ諸国との商業活動におけるハブとしての役割を担い、雇用機会は毎年3～4％水準で上昇している。市内には３５００haの緑地があり、91の公園がある。

テクノロジーを活用した市民参加と暮らしやすさの実現

戦略を担当するサステイナブルグラスゴー部のレジリエンスチームのフランキー・バレット氏は、「レジリエンスの取組みには、自分たちの課題を他の都市と共有すること、課題の複雑性を理解しようと努力することがとても重要。グラスゴーはレジリエンスの取組みをかなり上手くやっていると思うが、ステークホルダーとの関係の強化や、長期的な共創の実践がこれからの課題」だと述べている[*47]（図2・30）。

●**市民参加、共創の実践**：グラスゴーでは、長期的な住民・ステークホルダーとの共創の実現のため、対市役所や住民同士の「信頼」の醸成に力を入れている。街が直面す

ショック（短期的課題）	ストレス（長期的課題）	
・気候変動による局地的豪雨や洪水の危険性	・人口の急増（今後20年間で15%） ・58%の住民が空き地や工場跡地など廃棄された土地の近く（500m圏内）に居住 ・36%の家庭で燃料のニーズが上昇	・暴行事件の発生が全国平均の2倍 ・交通渋滞の悪化 ・社会から孤立する人の増加 ・収入の格差が拡大

図2・30　グラスゴーのショックとストレス

る社会課題について住民が主体となって理解するため、ショックとストレスの理解に必要な情報を地域コミュニティのリーダーに提供するよう心掛けている。

デジタルツールの活用にも積極的で、オープンストリートマップ（OSM）を活用した市民参加型プログラムを実施している。地域の社会課題にビジネスとして取り組む社会的企業と呼ばれる人々を対象としてマッピングの重要性を学ぶ「社会的企業マッピング」、小中学校でOSMを使ったデジタルマッピングの作成方法を学ぶ「若者マッピング」、ボランティアがベースのOSMコミュニティが中心となってアナログ・デジタル両方のマッピング作成に使えるツールキットを作成する「マッピングパーティー」、そして市民のガーデニングコミュニティが中心となって市内のグリーンスペースのマップ化に取り組む「親愛なるグリーンネットワーク」などの取組みが進んでいる。自分の手を動かして街の抱える課題を理解しようという試みだ。アナログマップでは3つのツールと284人のマッパー（地図をつくる人）が、デジタルマップでは8つのツールと286人のマッパーが誕生した（図2・31）。

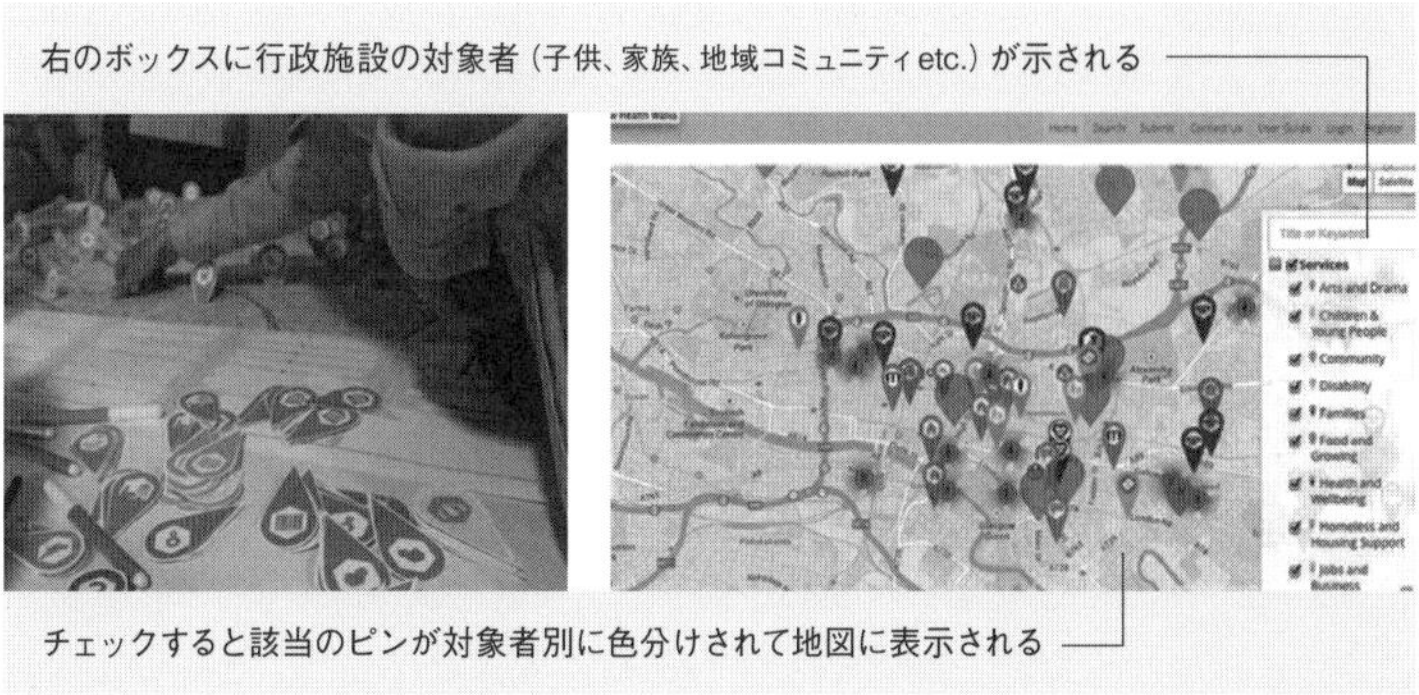

図2・31　アナログマップ作成の様子（左）とデジタルマップの事例（右）（出典：*Open Glasgow: Future maps - Sourcing City Data from Citizens*, p.12（左）、p.16（右））

●デジタル活用による都市マネジメント：デジタル技術を活用した都市経営の観点では、グラスゴーオペレーションセンターの構築が検討されている。交通マネジメント、エネルギーマネジメント、コミュニティの安全、イベントマネジメント、気象と環境の5つの観点から、市内に設置したカメラやセンサー、住民が使うアプリケーションを活用しながら、常時街のリアルタイム情報を収集する構想だ。将来的には警察などと協働し、全ての情報を一元的に扱い、住民の利便性や安全性向上を担うオペレーションセンターを目指している。

住民が日常生活で使うコミュニケーションアプリとして開発されたマイグラスゴー（MyGlasgow app）では、公的手続きの進捗状況や、市内のルート検索（特に自転車向け）、コミュニティ検索、イベント情報（近くでのコミュニティの集まり含む）、施設・観光情報などが確認できる。コミュニティ活動を通した住民同士のつながりの活性化に期待している。

市民のウェルビーイングにつながる重要な行政サービスとして、医療、社会福祉、教育、美術／博物館、娯楽施設、図書館、健康な食料調達、銀行、金融サービスを挙げる。これらのサービスに必要なときにアクセスできるように、市内のコミュニティごと、シーンごと（例えば異常気象時など）にどの行政サービスが利用可能なのかを一目で分かるマップをつくる計画もある。

●遊休地の活用：グラスゴー市内には多くの遊休地が存在する。土地や空間に関するデータの活用が、産業活性化につながると期待している。遊休地の有効活用により、10億ポンド（約1400億円）の新たな価値が創出されると試算されているため、まずは3Dマップを導入し、市内の廃棄地や遊休地の見える化に取り組む。また、低炭素社会の実現に向けて、大気汚染の解消や、グリーンスペースやオープンスペースの創出、交通システムの整備による移動効率の向上に力を入れる。

住民の誰もが安心して集まることのできる安全な場所を確保することを第一の目的として、市内の既存アセットが彼らにどのように使われているか、地域コミュニティのリーダーと共にレビューしながら、公共スペースの在り方の再検討を始めている。市役所が管理する街のインフラ（街灯など）の電力は、徐々に再生可能エネルギーにシフトしており、今後、公共スペースの開発や生活インフラを運用する上で必要なエネルギーは、省エネを前提とする。加えて、市が所有するアセットの位置情報などを市内の事業者とも共有しながら、新しいビジネスを生み出したい考えだ。

共創を担う市民リーダーを育成

市民との共創の実践の担い手となる地域コミュニティのリーダー育成にも力を入れている。大学などの研究機関と連携して、過去に街で起こった様々なイベントや特定のコミュニティに関するケーススタディを実施した。例えば、2013年にスコットランド警察のヘリコプターが街に墜落し10人の命が奪われた事例や、2004年から市内に3000人以上流入していると言われているジプシーコミュニティの事例、2014年にグラスゴーで開催したコモンウェルスゲームズ（4年ごとに行われるイギリス連邦競技大会）の事例などが使われている。[*48]

市内の人口増加に伴って、収入格差が生まれていることから、グラスゴーでは特に若者の雇用の後押しに力を入れており、新たな技術や知識の習得のための訓練や教育の機会を提供している。ハッカソン開催やチャレンジラボの設立を通じて、アントレプレナーの育成に力をいれる。市民がデータを積極的に活用して街づくりに参画してもらえるように、デジタルテクノロジーのリテラシー向上プログラムにも力を入れている。

マラッカ・マレーシア —— *Melaka, Malaysia*

市内交通と公衆衛生環境の改善が課題

マラッカは、マレーシア南西部、マラッカ海峡に面する港町だ。15世紀にマラッカ王国が誕生し、植民地時代を経て1957年に独立、1977年に市政が始まった。1980年代から都市化が進み、車を所有する市民が多くなった。1991年にはダムの水が干上がる水危機が起こり、2006年にはモンスーンによる洪水、2014年に土砂崩れ、2017年に洪水と、度々自然災害に見舞われている街でもある。

2008年にユネスコ世界文化遺産に登録された。

マラッカの人口はおよそ60万人。270㎢の土地を縦断するようにマラッカ川が流れ、中心部の海岸沿いには港を擁する世界遺産エリアが、街の東側の海岸線には植生エリアが広がる。人々の移動の9割は車に頼っているが、CO_2の排出量を抑えるために、2030年までに公共交通網の利用率を40％まで高める目標を立てた。高い経済成長を支えるのは観光業で、失業率は0・9％と低い。国内からの観光客は2000年代から急増し、2010年代には年間1000万人を超えた。海外からの観光客も、世界文化遺産の登録を受けた2008年以降倍増し、年間500万人を超えている。移民の増加により、2050年代までに人口は88万人を超えると試算されている（図2・32）。

マラッカの土地は、1990年代から沿岸部の埋め立て地を増やして拡大した（図2・33）。居住地拡大の一方で、公共交通システムの整備を計画的に行わなかったため、市内中心部への移動手段は車に頼らざるをえなくなり、渋滞や大気汚染の悪化を招いてしまった。

マルチモーダル交通の実現とスマートガバナンス

暮らしやすく活気のある都市を目指し、マラッカでは安全で便利な、そして持続可能な交通システムを構築することが第一の目標となった。データに基づいた政策立案にも積極的に取り組む。

●テクノロジーを活用したモビリティの改善：土地利用や交通計画といった、モビリティに関する市内のマスタープランを統合して、人々が選べる公共交通網の選択肢の拡充と、行きたいところに効率的に移動するこ

ショック（短期的課題）	ストレス（長期的課題）
・洪水・火事 ・水不足 ・病気の蔓延 ・人々が世界遺産エリアに住めなくなると“生きた世界遺産”としての立ち位置の維持が困難に	・交通渋滞 ・全体的な都市計画の欠如 ・目に見えない遺産の喪失 ・ガバナンスの重複 ・ゴミ処理 ・インフラ老朽化

図2・32　マラッカのショックとストレス

とのできるアクセシビリティを確立する。最も力を入れるのはバスサービスで、バスの車体やバス停を最新のものに刷新すること、ターミナル駅まで車で来て市内主要エリアにバスでアクセスするためのパーク&ライドの推進、バスルートの最適化、バスの待ち時間を見える化するスマートシステムの開発などを通じて、人々の行動変容を促す。

マラッカ市内は、世界文化遺産が集中する市の中心部にアクセスする道路が狭く、数も少ないため、交通量のデータ分析を通して、パーク&ライドを活用したより効率的な移動ルートの提案を行う。マルチモーダル交通の一環として、水上タクシー、自転車の活用にも力を入れる。マラッカを訪れる観光客は、主に中心部を歩いて移動しており、公共交通機関にほとんどお金を落としていないとのデータもある。[*49] 一方で最も人気のあるアトラクションはリバークルーズだ。自転車専用道や歩行者専用道路の拡充を通して、中心部の世界文化遺産周辺の観光客の移動をサポートし、市内の交通システムの刷新を目指している。

●スマートガバナンスの実現：テクノロジーを活用して市内のインフラ管理とモニタリング能力を高める計画がある。まずは地理空間データを共有するシステムを開発し、街が直面する洪水や火事、渋滞、ごみ処理へ

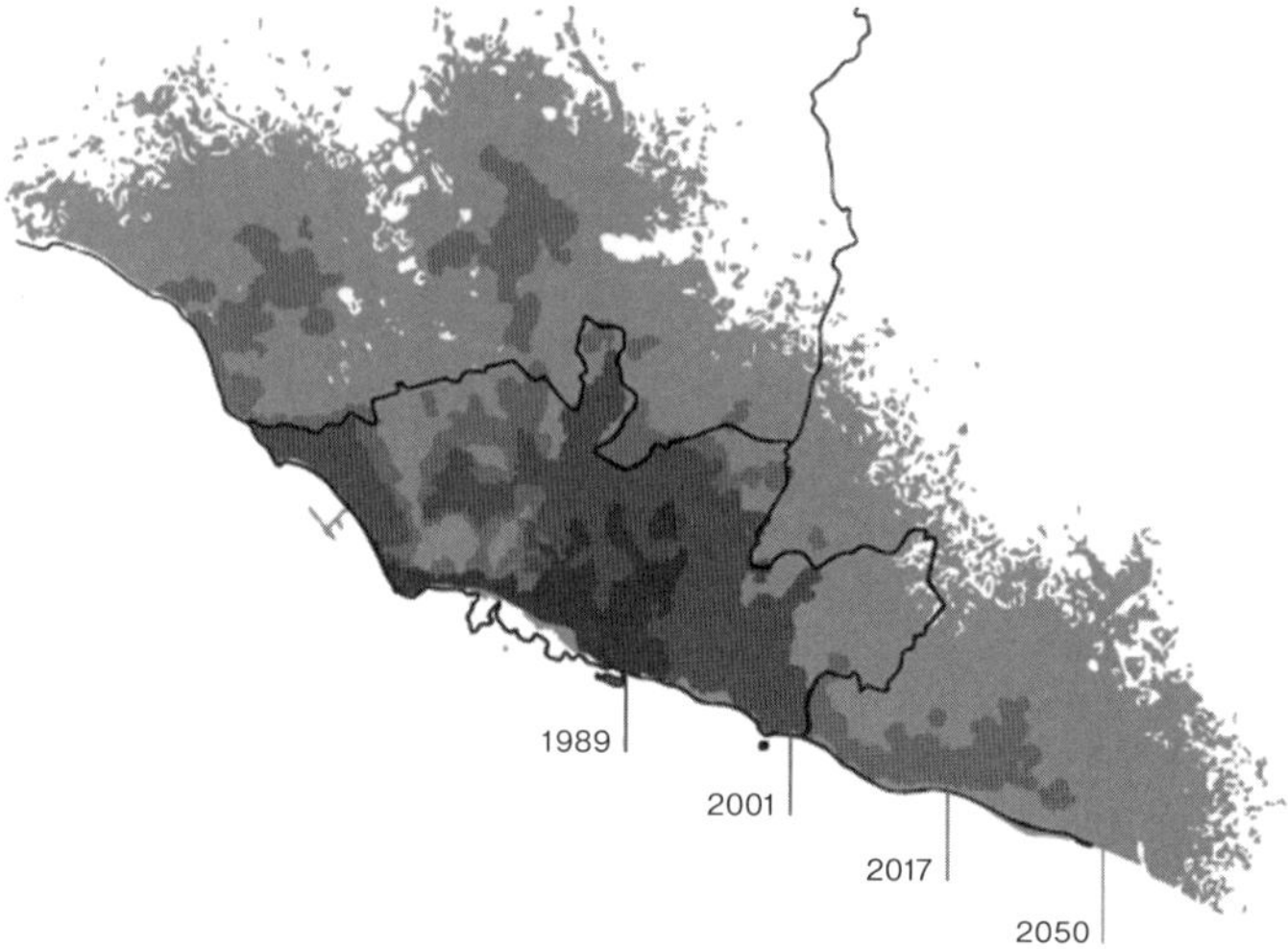

図 2·33　マラッカの人口拡大。人口増加とともに、市中心部(色の濃い部分)から周辺部(色の薄い部分)に居住者が広がっている(出典：*Resilient Melaka*, p.18)

の対応能力を高める。大学と協力して、データ分析や活用法について市職員が学ぶことのできるトレーニングプログラムを開発する。将来的には、地理空間データプラットフォーム上に街のリアルタイム情報が集積し、リアルタイムコントロールセンターとして水質、大気汚染などの管理を一元的に行うことを目指している。データプラットフォームは、市だけではなく州政府と共有して、新しいコミュニケーションチャネルとして機能させたい考えだ。

テクノロジーを活用したスマートガバナンスを実現する上で大学との協働を重視していて、地元マラッカ大学の工学・ロボティクス研究に基づいた街の新たな排水インフラの整備も計画している。こうした協働は、これまでアドホックに行われることが多かったので、長期的な関係構築を視野に入れた協働の形を定型化することを目指している。1つの形として、外部のステークホルダーの専門性と知識や技術を共有するプラットフォームを構築する案もある。

●**生活習慣の改善啓発キャンペーンを実施**：持続可能な街づくりを支えるために、ゴミ問題や水資源・公衆衛生環境の向上に向けた住民向け啓発キャンペーンを実施している。ゴミに関しては、街の清掃キャンペーンの推進、市内主要エリアにビン・缶の分別ボックスを設置、リサイクルについて学ぶ学校教育の拡充などに取り組んでいる。水資源については、節水技術を用いた建物のリノベーションに対するインセンティブの提供、水道メーターの設置促進、雨水再利用や水のリサイクルに関する新しい建物の設置、ホテルと協力して節水プログラムの開発を進める（ホテルは最も水使用量が高い施設）。

近年増加傾向にある食中毒、結核、デング熱などの病気を防ぐためには公衆衛生環境が大切だということを住民に知ってもらい、日々心掛けたい生活の工夫を習慣化することを重要視している。住民から水質汚染のモニターや病原体予防アクションの推進ボランティアを募集するなど、住民とのエンゲージメント強化に力を入れている。サーキュラーエコノミーの推進にも積極的だ。

文化遺産を通じたコミュニティの強化

市内の文化遺産を通じた地域コミュニティとのつながりの強化も重要な政策課題だ。市内の文化遺産マップを作成してソーシャルメディアを含むオンライン上で共有している。この文化遺産マップを街の様々なイベントで紹介し、美術館やテレビなどでの啓発広告を通じて住民の文化遺産に対する関心を高めようとしている。映画の撮影を誘致したり、遠足などを通して学校教育に文化遺産教育を組み込む。加えて、伝統工芸従事者へのサポートを強化して、文化遺産の保存技能の伝承（学校、大学、生涯教育）をサポートする。文化遺産の保全のため、文化遺産周辺の物件のオーナーに対し、土地を手放さないようにインセンティブを与える計画もある。

若者が集い、遊べる地を増やすため、市内を流れるマラッカ川の沿岸に広がる遊休地を公共スペースとしてリノベーションする。河川敷の治水能力を高め、洪水ダメージの軽減にもつながると期待している。加えて、市民や地域コミュニティとのつながりを強化するため、ソーシャルメディアやオンラインツールを通じたコミュニケーションを積極的に展開し、街の課題や解決策について議論するグループセッションを定期的に開催している。マラッカの将来の開発について議論するステークホルダー会議も年に一度、4月に行っている。持続可能な水の利用、洪水への対応、健康維持、世界文化遺産の保全など、毎年テーマを変えて議論することにしている。

以上、様々な社会課題に対する世界の都市の戦略とアクションをご紹介した。「課題解決システムとしての都市」のダイナミズムは、これまでもこれからも、都市に住む人々の毎日を支え、暮らしの新たな価値を生み出している。次章では、学術的知見に基づいた持続可能性へのアプローチをご紹介する。

〈注釈・文献〉

1　*VEJLE'S RESILIENCE STRATEGY - We transform challenges into new opportunities,*『第3次鎌倉市総合計画第4期基本計画』、*Resilient Sydney - A strategy for city resilience 2018, Redefining the city - Athens Resilience Strategy for 2030, Rome Resilience Strategy, One New York - The Plan for a Strong and Just City,*

RESILIENT SEOUL - A strategy for urban resilience 2019, HUANGSHI RESILIENCE STRATEGY, BRISTOL RESILIENCE STRATEGY, RESILIENT MELBOURNE -Viable, sustainable, liveable, prosperous,『京都市レジリエンス戦略～しなやかに強く、持続可能な魅力あふれる京都のために』、*A RESILIENT SINGAPORE - Centre for liveable cities, RESILIENT SAN FRANCISCO - Stronger today, stronger tomorrow, RESILIENT BANGKOK, RESILIENT CHENNAI STRATEGY - Kaleidoscope My city through my eyes, Resilient Toyama - Toyama Vision 2050 Community, Nature & Innovation, OUR RESILIENT GLASGOW - A City Strategy, Resilient Melaka - Creating a thriving, livable and smart Melaka 2019*
１００ＲＣで策定されたレジリエンス戦略は、https://resilientcitiesnetwork. org/から閲覧可能

2 http://fablabjapan.org/whatsfablab/

3 https://www.vifin.dk/index.php/da/

4 https://smr-project.eu/vejle/

5 ２０２１年３月に市の担当者にインタビューを実施

6 鎌倉市『第３次鎌倉市総合計画の第４期基本計画』概要版、p.4。第３次鎌倉市総合計画は２００８年から２０２７年までを対象とした総合計画で、第４期基本計画は２０２０年から２０２７年までのラストを飾る基本計画

7 https://www.city.kamakura.kanagawa.jp/seisaku-souzou/20181024.html

8 次世代の鎌倉を担う子どもたちがＳＤＧｓを学び行動し発信していく機会を創出するプロジェクト
https://www.city.kamakura.kanagawa.jp/keiki/sdgs.html

9 https://www.kayac.com/service/kamakura_capitalism

10 https://www.kayac.com/service/machino_coin

11 https://www.cityofsydney.nsw.gov.au/governance-decision-making/resilient-sydney

12 Jewell, C.（2015）"Beck Dawson announced as Sydney's chief resilience officer", *The Fifth Estate,* 17 September 2015
https://www. thefifthestate.com.au/articles/beck-dawson-announced-as-sydneys-chief-resilience-officer/

13 Dunford, S. Lee, C. Jacobs, B. and Neirinckx, A.（2015）"The towards a resilient Sydney project: from collective assessment to strategic frameworks" in *Proceedings of the State of Australian Cities Conference*（SOAC 7）, pp.9-11

14 アテネ市、*Athens Resilience City and Natural Capital - Investment for 2030 resilience strategy*

15 ＨＥＡＰＳマガジン（２０１８年９月13日）「待つことをやめた」アテネ市民の〈ＤＩＹパラダイス〉。経済危機から８年、歴史都市が模索するＤＩＹ復興シーン
https://heapsmag.com/no-more-waiting-greece-athens-diy-paradise-do-it-yourself-scene-after-economic-crisis-

16 https://smr-project.eu/cities-and-resilience/

17 "Mayor de Blasio Releases One New York: The Plan for a Strong and Just City", *Office of the Mayor*, April 2015
https://www1.nyc.gov/office-of-the-mayor/news/257-15/mayor-de-blasio-releases-one-new-york-plan-strong-just-city#/0

18 Fainstein, S. S.（2018）"Resilience and justice: planning for New York City", *Urban Geography* 39（8）, pp.1268-1275

19 Jung, K. H. and Kim, K. S.（2020）"The Effect of Resilience of Middle-aged Employees on Retirement Attitude and Retirement Preparation", *Journal of the Korea Academia-Industrial cooperation Society* 21（5), pp.495-507

20 Chun, H., Chi, S. and Hwang, B. G.（2017）"A spatial disaster assessment model of social resilience based on geographically weighted regression", *Sustainability* 9（12), 2222

21 Wick, W. D. , Maco, B., Hansen, L., Bardos, P., Mielbrecht, E. and Yasutaka, T.（2018）"Global Trends: Climate Change and Resilience within Contaminated Lands Rehabilitation", *Natural Resources & Environment* 33（2）, pp.16-20

22 ２０１０年からＥＵが主催する表彰事業。街の生活において高い環境水準を保ち、将来の持続的な発展と環境保全への強いコミットメントを持つ都市が選ばれている。
https://ec.europa.eu/environment/europeangreencapital/about-the-award/index.html

23 *Bristol Health and Wellbeing Strategy 2020-2025*
https://www.bristol.gov.uk/policies-plans-strategies/health-and-wellbeing-strategy

24 https://www.bristol.gov.uk/social-care-health/covid-19-health-and-wellbeing-guidance

25 https://www.bristolonecity.com/

26 https://www.melbourne.vic.gov.au/about-council/vision-goals/pages/municipal-public-health-and-wellbeing-plan.aspx

27 Mavoa, S., Davern, M., Breed, M. and Hans, A.（2019）"Higher levels of greenness and biodiversity associate with greater subjective wellbeing in adults living in Melbourne, Australia", *Health & Place* 57, pp.321-329

28 *RESILIENT MELBOURNE -Viable, sustainable, liveable, prosperous*, p.97

29 京都市「令和２年度当初予算の概要」p.1
https://www.city.kyoto.lg.jp/gyozai/page/0000259833.html

30 町組改正と小学校
https://www2.city.kyoto.lg.jp/somu/rekishi/fm/nenpyou/htmlsheet/toshi26.html#c

31 エコプロOnline 2020内での藤田裕之ＣＲＯの講演『課題解決先進都市・京都からのＳＤＧｓ発信～レジリエンスをキーワードに～』（２０２０年11月25日）より
https://www.jst.go.jp/sdgs/events/20201125-28.html

32 ２０２１年３月にオンラインインタビューを実施

33 まち・ひと・こころが織り成す京都遺産　https://www.city.kyoto.lg.jp/menu2/category/24-4-13-0-0-0-0-0-0.html

34 「京都市レジリエンス戦略」p.15

35 Kurohi R. "9 in 10 coronavirus patients in Singapore housed in community facilities; 2020"

36 https://www.straitstimes.com/singapore/9-in-10-coronavirus-patients-housed-in-isolation-facilities
Yip W., Ge L., Ho A. H. Y., Heng B. H. and Tan W. S. (2021) "Building community resilience beyond COVID-19: The Singapore way", *The Lancet Regional Health - Western Pacific* 7

37 https://www.gov.sg/article/budget-2021-covid-19-resilience-package

38 https://onesanfrancisco.org/

39 Laeni, N., Van Den Brink, M. and Arts, J. (2019) "Is Bangkok becoming more resilient to flooding? A framing analysis of Bangkok's flood resilience policy combining insights from both insiders and outsiders", *Cities* 90, pp.157-167

40 Archer, D., Marome, W., Natakun, B., Mabangyang, P. and Phanthuwongpakdee, N. (2020) "The role of collective and individual assets in building urban community resilience", *International Journal of Urban Sustainable Development* 12 (2), pp.169-186

41 Ravindran K.T. (2015) "Chennai floods present a lesson in urban planning", *The Hindustan Times*, December 25, 2015
http://www.hindustantimes.com/analysis/chennai-floods-present-a-lesson-in-urban-planning/story-QOQlkG76xthZcNSqmQ5icL.html

42 Chennai Resilience Centre, *Resilient Chennai: Citizen Perception Survey*, 2017
https://resilientchennai.com/citizen-perception-survey/

43 Jayaraman N. (2015) "Chennai floods are not a natural disaster - they've been created by unrestrained construction". December 2, 2015 *Quartz India*
http://scroll.in/article/769928/chennai-floods-are-not-a-natural-disaster-theyve-been-created-by-unrestrained-construction

44 ２０２１年３月に富山市企画管理部の未来戦略室と情報統計課にオンラインインタビューを実施

45 『月刊事業構想』編集部「富山市「ＳＤＧｓ未来都市」コンパクトシティが示す持続可能性」（２０１９年３月）
https://www.projectdesign.jp/201903/sustainable-city/006084.php

46 https://futurecity.glasgow.gov.uk/

47 https://smr-project.eu/glasgow/

48 Glasgow City Council, *Our Resilient Glasgow : A City Conversation*
https://www.glasgow.gov.uk/resilience

49 Md Khairi, N. D., Ismail, H. N. and Syed Jaafar, S.M.R. (2019) "Tourist behaviour through consumption in Melaka World Heritage Site", *Current Issues in Tourism* 22 (5), pp.582-600

3 SDGs達成を支えるツール

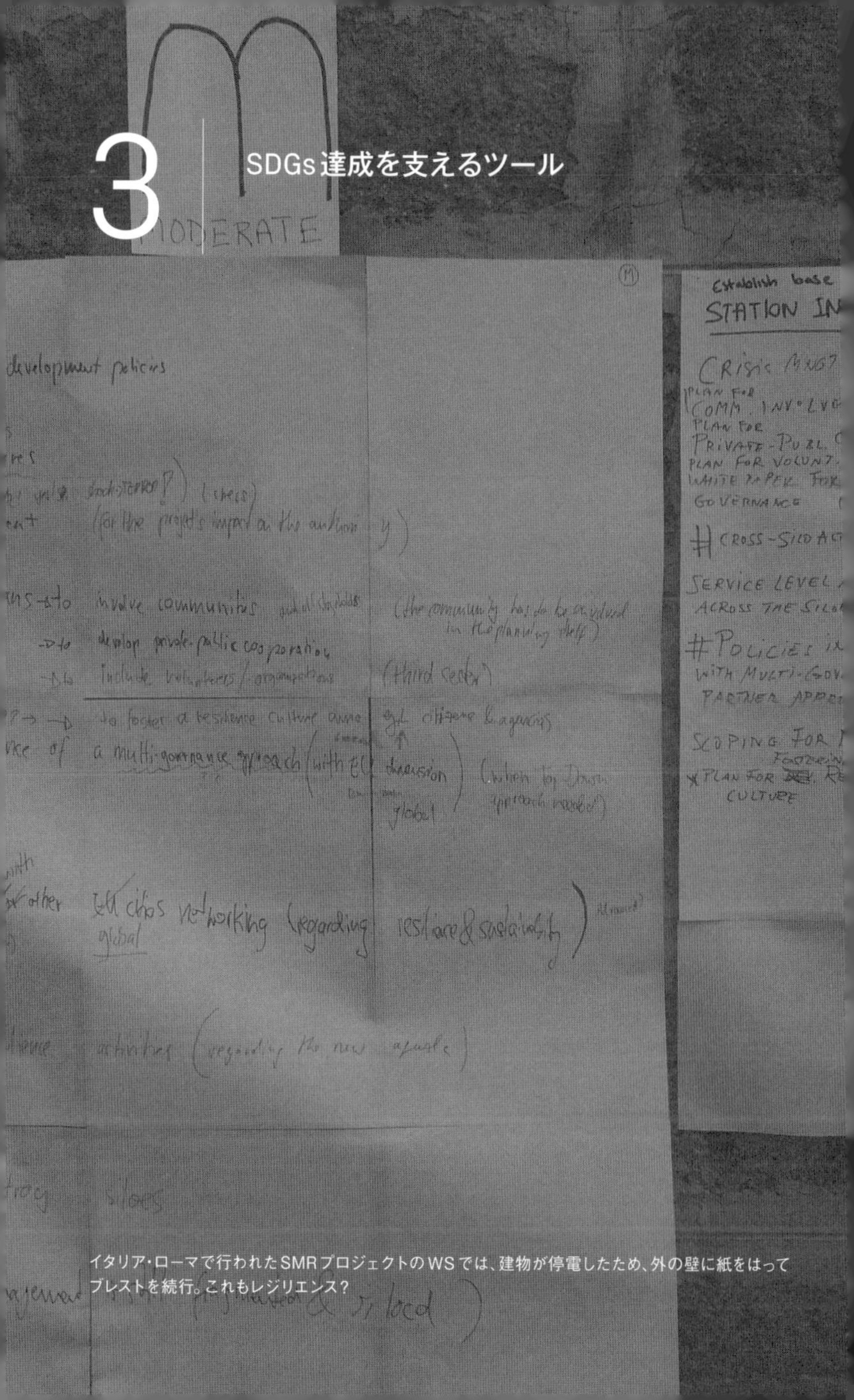

イタリア・ローマで行われたSMRプロジェクトのWSでは、建物が停電したため、外の壁に紙をはってブレストを続行。これもレジリエンス？

1　戦略作成、課題発見、政策立案をサポートするツールボックス

ヨーロッパの実践研究プロジェクト：SMR（Smart Mature Resilience）

街づくりにおけるSDGsへの取り組みには、社会課題の多様性と、各課題が相互に関係しあう複雑性を理解し、都市（社会システム）を絶えず変化するダイナミックなリビング・システムとして捉える発想が必要だ。2章でご紹介した街づくり戦略は、いずれも時間をかけた丁寧な課題認識の共有と、相互関係の理解に基づいた全体論的なアプローチをとっていたことがお分かりいただけたと思う。本章では、全体アプローチをサポートするツールについてご紹介したい。特に、協働を実現するコミュニケーションに着目し、ヨーロッパでの研究から明らかとなった実践のエッセンスを紐解いていく。

筆者が携わったSMR（Smart Mature Resilience）プロジェクトは、ヨーロッパ内の8か国（スペイン、ノルウェー、イギリス、デンマーク、イタリア、ラトビア、ドイツ、スウェーデン）から、7つの地方自治体、4つの大学と2つの非営利団体が参加した多国籍コンソーシアムによる実践研究である（図3・1）。2015年からの3年間、欧州委員会がスポンサーとなり、総額460万ユーロ（約6億円弱）をかけて実施された。

ICLEIはドイツに本拠地を置く世界的な自治体ネットワーキングの組織で、日本にも支所がある。ス

図3･1　SMRプロジェクトメンバー。上段左からICLEI／ドイツ、クリスチャンサンド／ノルウェー、サンセバスチャン／スペイン、グラスゴー／イギリス、ヴァイレ／デンマーク、ローマ／イタリア、ブリストル／イギリス。下段左からリガ／ラトビア、アグデル大学／ノルウェー、リンショッピン大学／スウェーデン、ストラスクライド大学／イギリス、テクヌン大学／スペイン、DIN ／ドイツ

マートシティやレジリエンス、サステイナビリティに関する国際プロジェクトを多くの自治体と実施する。ＤＩＮは、日本でいうところのＪＩＳにあたり、ヨーロッパにおける標準化文書を作成する団体である。ドイツのベルリンに拠点を持つ。

　このプロジェクトが目指すのは、変化する外部環境に適応する都市の能力の構造的な理解と、能力獲得のプロセスを可視化してサポートするためのツールボックスの開発だ。特にトリプルボトムラインの〝社会持続性〟に焦点を当てた。

5W1H（今どこにいるのか、何をするべきか、優先順位は何か、未来にどう投資するか、誰を巻き込むのか）に答える

　プロジェクトでは、都市の社会的持続性に影響を与える社会課題を、社会ダイナミクス（ジェンダーや公平性、インクルージョンの課題）、社会インフラ（都市基盤を支える様々な生活インフラとシステム・制度）、そして気候変動（異常気象と災害リスクの増加）の3つに大別した。特にヨーロッパにおいては移民の増加により住民のバックグラウンドが多様化しており、公平性やインクルージョンに強い関心がある。加えて、どの街も歴

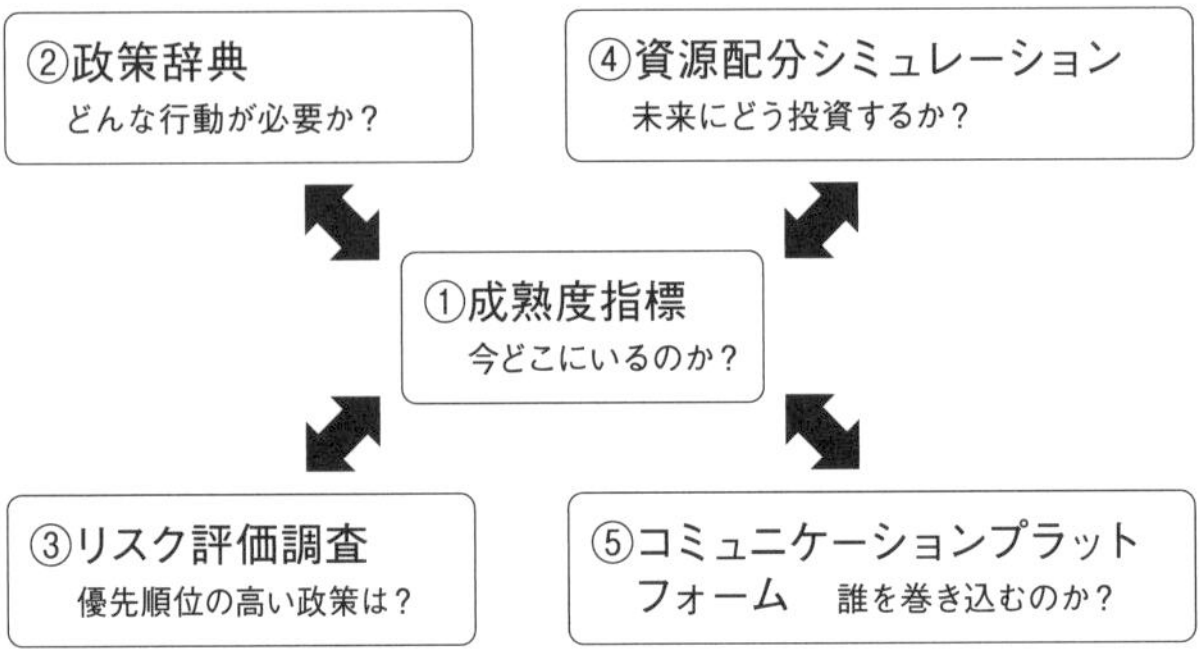

図３・２　社会持続性に向けた実践ツールボックス
（出典：SMR ウェブサイト（https://smr-project. eu/guideline/）より作成）

史が古く、社会生活を支えるインフラ（道路や学校などの公共施設など）の老朽化が進む。気候変動は毎年のようにヨーロッパのどこかの国で豪雨や熱波といった異常気象をもたらしており、人々の社会活動の大きな障壁として立ちはだかる。

社会ダイナミクス、社会インフラ、気候変動にまたがる社会課題へのアプローチには、自分たちが現在置かれている状況の理解と、社会課題への深い洞察、協働相手の定義という鍵となるアクションが存在する。プロジェクトでは５つのアクションを整理し、それぞれをサポートするツールを開発した（図３・２）。主に自治体の職員が現場で使うことを想定した。

ツールはそれぞれ、今の自分たちの立ち位置（①成熟度指標＝Where）と、必要な政策やアクション（②政策辞典＝What & How）、課題（リスク）に基づいた政策の優先順位付け（③リスク評価調査＝Which & Why）、時間とお金をどのように投入するか（④資源配分シミュレーション＝What & Why）、誰を巻き込むのか（⑤コミュニケーションプラットフォーム＝Who）という、５Ｗ１Ｈに基づいた問いに答えるように設計されている。５つのツールを組み合わせることで、

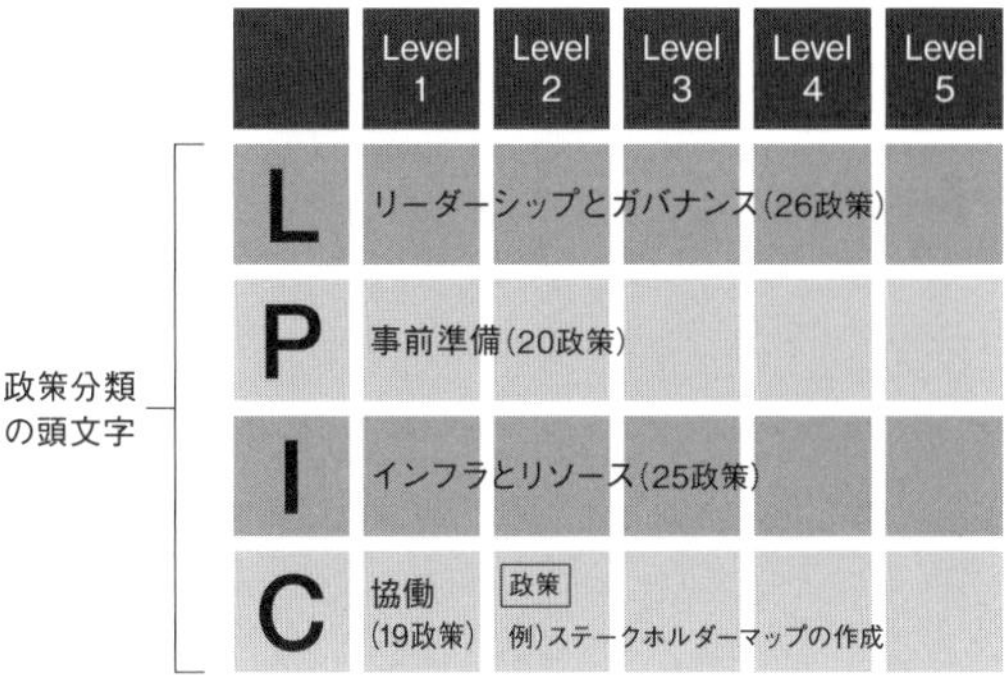

図3・3　成熟度×政策分野マトリックス（出典：文献＊1、p.24 をもとに作成）

ゴールへの道のりをより構造的に示しながら、全体的なアプローチが可能となる。

●成熟度指標〈今どこにいるのか?〉：成熟度指標は、都市が置かれている現在地を認識し、進化の道筋の設定をサポートする。1章でもご紹介した成熟度の5つのレベルと、政策分類で構成される。都市における政策は範囲が広く、膨大な数に上るため、SMRプロジェクトでは過去の研究論文や、専門家・関係ステークホルダーへのヒアリングを行った上で、社会持続性に重要な影響を与える政策分野として、リーダーシップとガバナンス、事前準備、インフラとリソース、協働の4つのカテゴリーを設定し、計90の政策を定義した。

図3・3は、成熟度のレベルを横軸に、政策分類を縦軸としたマトリクスである。表の中には、各レベルにおけるそれぞれの分野で必要となる政策がプロットされる。例えば、レベル2の協働分野では、ステークホルダーマップの作成が推奨される。ステークホルダーマップは、各政策領域と関係の強いステークホルダーを可視化したもので、行動計画を策定する際、どのステークホルダーとの協働が必要か考えるうえで役に立つ。

●政策辞典〈どのようなアクションが必要か？〉：社会的持続性の達成には、異なる分野における取組みが必要という点で多面性がある。プロジェクトに参加した自治体のケーススタディを通じて、オンラインで参照可能な政策辞典を開発した。1つ1つの政策は、4つのカテゴリーごとに、図3・3の各レベルにプロットされる。マトリクスで表現することで、大局的な思考に基づいた長期的な戦略が可能となる。

政策辞典には、政策の概要に加えて、ケーススタディのサマリー（政策内容を説明する写真や、政策によりどのようなゴールを達成するか、誰との協働により政策を実現するか、政策により得られた成果は何か、どのような都市が関心を持つ政策なのか、などが記載）、参照可能な資料の一覧、関連政策、政策の進捗を評価する指標群も掲載されている。

例えば、2章でご紹介したグラスゴーでは、社会的持続性を念頭に置いた学校向け教育プログラムを開発した。学校での教育プログラム開発は、成熟度のレベル2のリーダーシップとガバナンス（L）から事前準備（P）にまたがる政策として位置付けられている。市では、スコットランド政府からの助成金を使い、教育プログラムの責任者を2年間フルタイムで雇用して、助け合いの文化の醸成と、気づき（感受性）の強化を目指した。街の将来を担う11歳から17歳までの子どもたちが対象となった。2年間のプログラム終了後に行われた政策評価では、学校や教師からの反応がとても良く、この事業の継続が検討されることになった。

●リスク評価調査〈何を優先的に行うか？〉：都市が抱える社会課題（リスク）について構造的に理解し、限られた資源配分の優先順位付けをサポートする。ここで重要となるのは、社会課題は負の方向にループする特徴があるということだ（図3・4）。生活の中で顕在化した課題だけに着目しても原因にたどり着けないため、

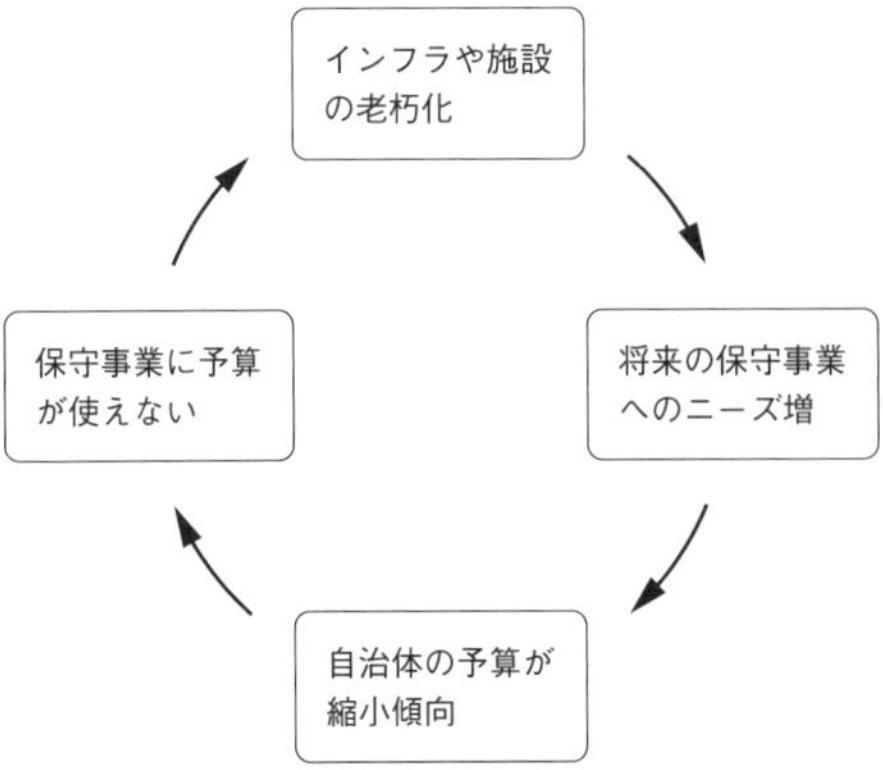

図3・4　社会課題の負のループ例（出典：文献＊2をもとに作成）

木（個別の社会課題）を見ながら森（社会システム）の動きを把握する必要がある。

リスク評価調査はエクセルで実装され、気候変動、不平等、社会的疎外、社会的包含性（インクルージョン）、洪水、移民、健康、高齢化、暴動の各分野に10程度のシナリオが用意された。シナリオに基づいた質問群が収められた調査票をもとに、グループワークにより課題間の関係性の理解と、組織内の異なる部署に所属する職員の会話を誘発することを目的としている。グループごとにPCが配られて、エクセル上に表示されたシナリオの各項目（図3・5）に「高い可能性がある」「可能性がある」「可能性が低い」「分からない」「知らない」の5択で答える。質問に答えていくことで画面上に図3・4のような課題間の関係性（因果関係）が表示され、何から取り組むべきかを検討することができる。

●**資源配分シミュレーション〈未来にどう投資するか？〉**：資源配分シミュレーションは、自治体の政策実現プロセスを評価し、学習を助け、意思決定をサポートするオンラインツールである。このツールの裏側には、システムダイナミクスというシミュレーショ

街は、大気汚染に悩んでいる ──▸ 酸性雨が多い ──▸ 土壌の状態が悪くなる

──▸ 生物多様性への悪影響 ──▸ 都市部における生物多様性への悪影響

──▸ 街中のコミュニティスペースの質の低下 ──▸ 近隣住民への影響

図３・５　リスク調査の「大気汚染」のシナリオ例。各項目は課題を抽象化したもの（出典：文献＊２をもとに作成）

ンモデルが使われている。システムダイナミクスは、基本的にはシステム思考と同じ考え方だが、より高度で複雑な計算式を入れてシミュレーションを行う。リスク評価調査で登場した「社会課題の負のループ」のように、１つの要素が原因にも結果にもなる複雑系システムのシミュレーションが得意である。ある政策の将来的なインパクトを分析し、投入すべき資源の最適化案を提示する。

資源配分シミュレーションで資源の指標として用いたのは自治体の予算と時間である。このツールで何ができるのか、例えばリーダーシップ分野の政策を選ぶと次のようになる。

〈政策の設定〉

政策分野：リーダーシップとガバナンス

レベル：３

政策：学びの場を定型化するため、自治体内部のミーティングを定期的に開催する

〈質問〉

（Ａ）この政策を実現するために必要な予算はどれくらいか？

（Ｂ）この政策を実現するために必要な時間（年単位）はどれくらいか？

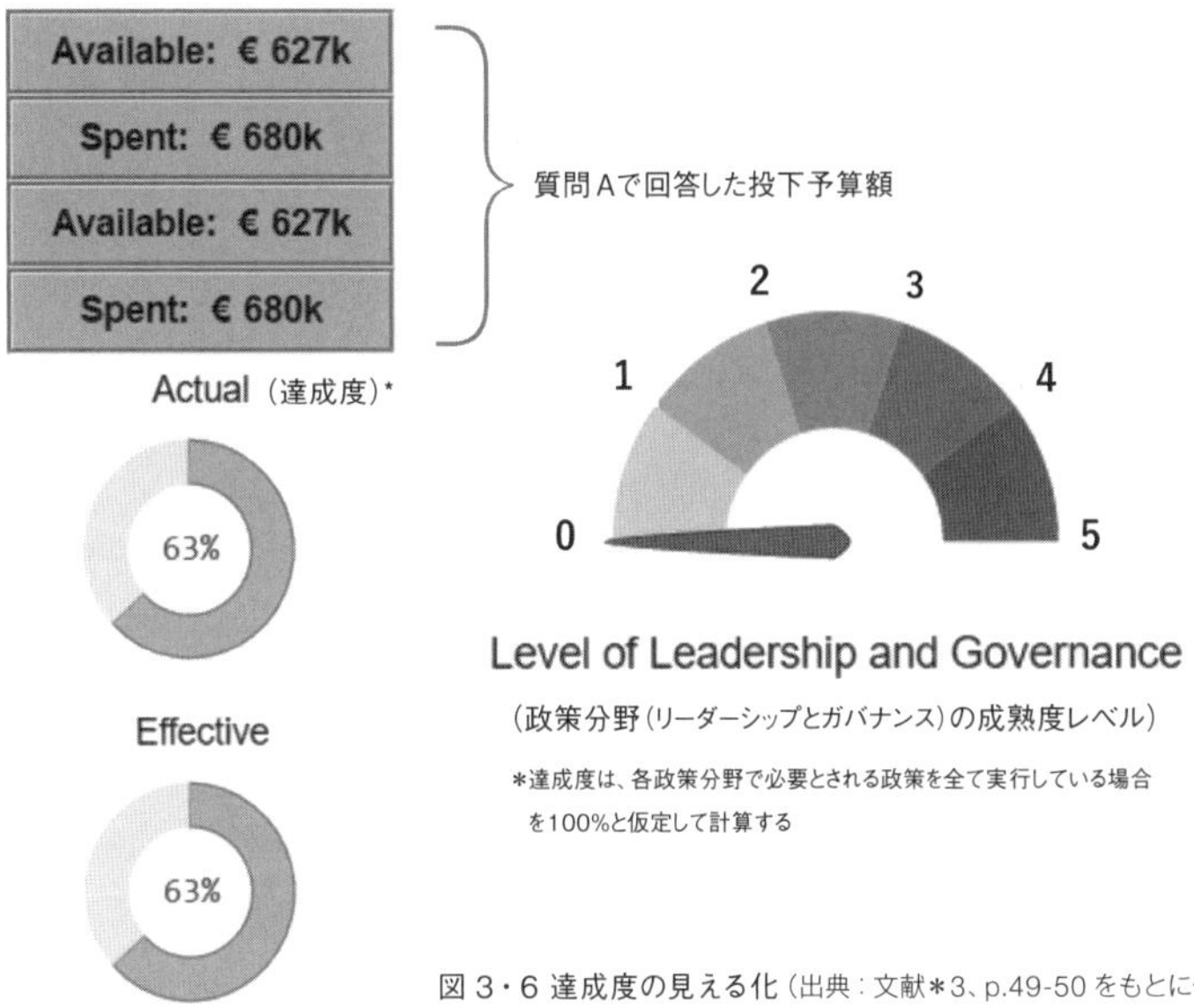

図3・6 達成度の見える化（出典：文献*3、p.49-50をもとに作成）

（C）この政策の実現を遅らせた場合、ゴールに到達するのが何年程度遅れると予想されるか？

選択した政策に関する予算と時間についての質問に応えていくと、政策分野におけるアクションの達成度と、現時点でのレベルが表示される（図3・6）。

図の左上の表には、質問Aで回答した投下予算額が示される。63％と表示されている丸いバーは、達成度を示す。達成度は、各政策分野で必要とされる政策を全て実行している場合を100％と仮定して計算する。右側には、政策分野（リーダーシップとガバナンス）の成熟度レベルが表示される。画面上には、「次のステージに行くためには、○○の政策を実行する必要があります」というアラートメッセージが表示される仕組みになっている。質問Aで回答する予算は1年単位となり、毎年同じ予算を投入していくと仮定した場合の、20年後の達成度もシミュレーションされる。

資源配分シミュレーションは、政策の達成度と、必要な予算、政策間のつながりをゲーム感覚で可視化できるツールとして開発されたが、他のツールと比べ抽象度がやや高く、パイロットテストでは参加者が最もつまずいたツールでもあった。

●コミュニケーションプラットフォーム〈誰を巻き込むのか?〉:コミュニケーションプラットフォームは、バックグラウンドの異なる多様なステークホルダー間の共通認識を醸成し、情報交換をサポートしながら共創・協働の土台となることを目指している。プロジェクトでは情報ポータルと呼ばれる、コミュニケーションプラットフォームのプロトタイプを開発した(図3・7)。

政策辞典の協働分野(C)では、先述したステークホルダーマップの作成と、関係者間をつなぐ情報ポータルの作成が挙げられている。情報ポータルの形は都市によりそれぞれだが、1つのモデルとして試作的に開発したのが図3・7にあるウェブサイトである。次の5つの機能(目的)を持つ。

①関係者間のコミュニケーションを改善する
②情報共有や知識の共有を円滑にする
③共に学ぶ場をつくる
④情報やサービスを統合する
⑤緊急時モードを併設する

最新の情報だけではなく、過去の取組みから得られた知見や教訓を共有すること、日々のコミュニケー

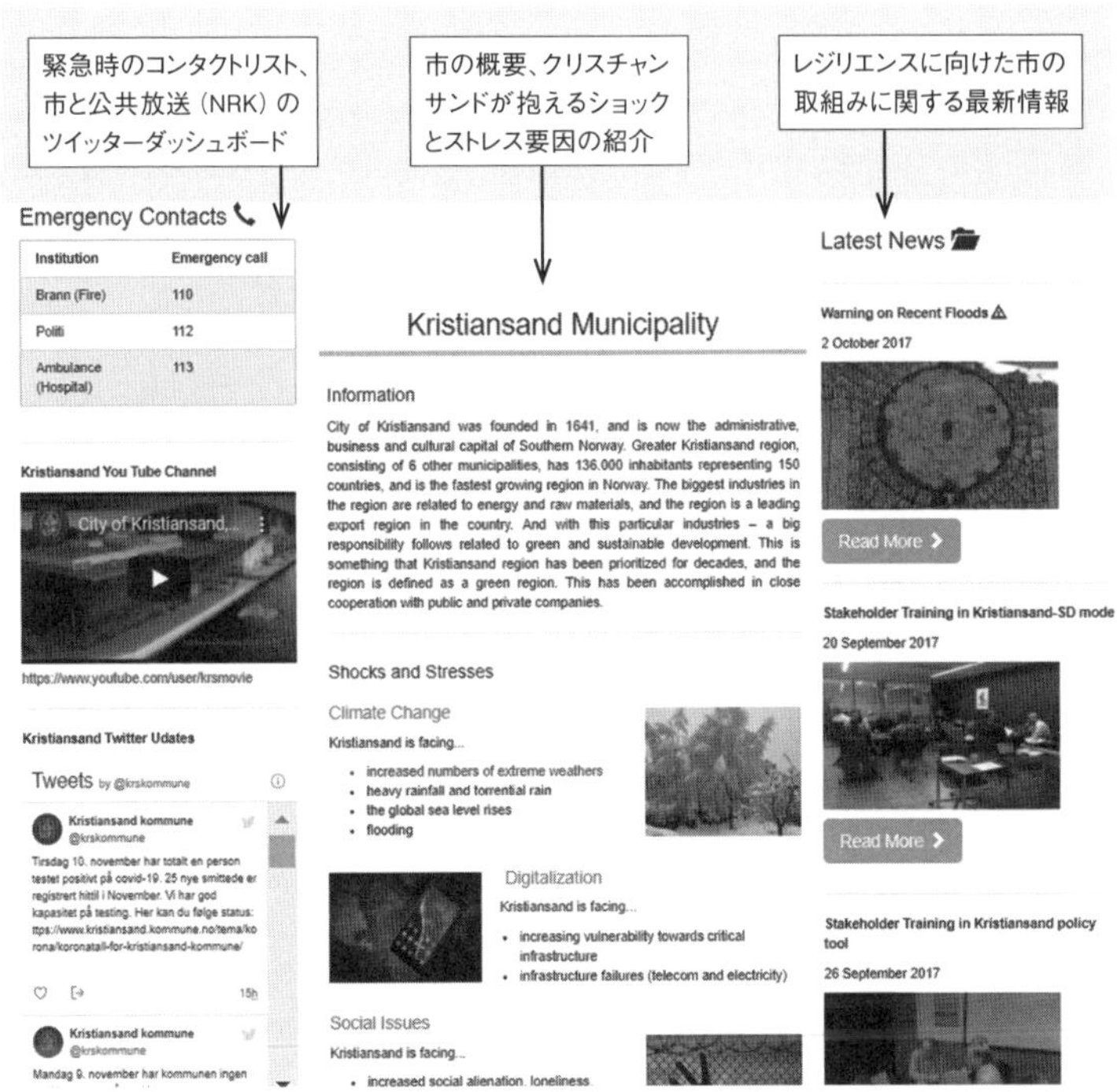

図3・7　情報ポータルのプロトタイプ画面（クリスチャンサンドの例）
（出典：http://smr-project-test. appspot. com/RPKristiansand. page）

ションへの活用を促しながら〝学びの場〟としての機能を持たせること、ポータルに行けば必要な情報や情報のソースが一目で分かること、などの機能が実装された。ポータルの裏モードとして、非常時に画面の切り替えができる緊急時モードも併設した。緊急時モードは、スマートフォンアプリにも応用可能である。

これらのツールやプロジェクト活動について、ノルウェーのクリスチャンサンドのシグード・ポールセン氏は、「このプロジェクトを通じてボランティア組織との連携が強化され、街が抱える高齢化への幅広いアプローチが可能となった」、イギリス・ブリストルのサラ・トイ氏は、

「（2章でご紹介した）100RCと並行して活動が進んでいるが、SMRプロジェクトが提供するツールは自分たちの立ち位置を確認することに役立っている。例えば我々は人々とのエンゲージメント強化の側面では上手くやっているが、その他の側面ではまだ始まったばかりの取組みもある。自分たちが何を変えるべきかを教えてくれる良い機会になっている」と述べている。[*4]

本章の後半では、2章の街づくり事例でも多くの都市でキーワードとなっていた協働・共創を実現するコミュニケーションの課題とデザインについて、社会持続性の観点から掘り下げる。

2 サイロ化（縦割り）から抜け出せ
～協働と共創に向けたヨーロッパの実践研究から～

危機対応能力を高めるコミュニケーション活動

プロジェクトに参加した自治体は、ステークホルダーたちと日ごろどのように連絡をとりあっているのだろうか。日ごろの連絡といっても範囲が広いため、ここでは危機管理の観点から各自治体のコミュニケーション活動の概要をご紹介する。

●**クリスチャンサンド（ノルウェー）**：市役所内では、週次で危機管理部門と健康福祉部門が情報共有の機会を設けている。ステークホルダーとのネットワークづくりや維持には、日本でいう都道府県にあたる郡が重要な役割を果たしている。郡主催で、最新のイベントや直近の課題などについて意見交換する機会が頻繁に設けられている。その中の1つに、2013年から郡とクリスチャンサンド市が共同開催する年に一度の地域カンファレンスがある。地域内のボランティア団体、民間企業、病院、研究者、市役所の代表者などが一堂に会し、最新の取組みを紹介し合うとともに、郡の将来ビジョンを共有する貴重な機会となっている。大学や企業もブースを出展する。日本で行われる大規模な講演イベントと似たタイプのカンファレンスだと想像してほしい。

クリスチャンサンドは、市役所の内部やステークホルダー間の情報伝達のための情報システムを導入している。このシステムを介してメッセージやレポートを送信することができるが、送信のみで外部からの受信機能がない。災害時や学校での非常時に市民に送るメッセージはSMS（携帯電話のショートメッセージ機能）を通じて行われることが一般的である。これらのメッセージは担当課ごとに運用されていて、一元的に情報を見る仕組みがないことも課題となっている。

●サンセバスチャン（スペイン）：日本の災害対策本部にあたる組織が情報システムを導入し、庁内の関連情報を集約している。警察や消防隊と市役所をつなぐ情報プラットフォームも開発されている。これらのツールはあくまで緊急時対応に焦点を当てているため、日常的な情報や知識の共有のためのコミュニケーション改善に取り組んでいる。市民への連絡はSMSを利用するほか、ウェブサイト、ツイッター、eメールを活用している。原則として市からは情報の提供しか行っておらず、クリスチャンサンドと同様、双方向のコミュニケーションになっていないことが課題となっている。サンセバスチャンのジュディ・モレノ氏は、街の最も大きな課題を「インフラとリソース配分が追い付いていないこと」と語り、双方向コミュニケーションを行うための要員の確保にも頭を悩ませている。

●グラスゴー（イギリス）：グラスゴーでは、日ごろのコミュニケーション活動のための複数のフレームワークを持っている。ローカルパートナーシップ、地域パートナーシップ、グラスゴー運営委員会、2章でご紹介した未来のグラスゴーなどだ。この順番で参加するステークホルダーの範囲が広くなる。緊急時は、ローカルパートナーシップと地域パートナーシップが連携をとりながら対応する。ローカルパートナーシップには、消防、警察、グラスゴー市役所、国民保健サービス（NHS）が入っている。行動計画を策定し、定期的にレビューする会合を設けている。市では非常時のための情報ポータルを保有しており、緊急時に前線の関係者と連絡を取り合うことのできる特別な会議室を準備している。

長期的な戦略立案は、グラスゴー運営委員会が担当する。ここでは、都市の社会課題に関する幅広いトピックを扱う。この運営委員会には、消防や警察のほか、輸送、エネルギーなど生活に欠かせないインフラ事業者が入っている。第三セクターの代表者も参加している。運営委員会の元でワーキンググループが組織され、横断的な都市の課題を掘り下げる。

未来のグラスゴープログラムは、都市が保有するデータを公開することでよりスマートで安全に、そして持続可能な都市づくりを目的として立ち上げられた。全ての市民が街のデータにアクセスできるよう、オープンデータの取組みを進めている。市民とのコミュニケーションはウェブサイト、ツイッター、フェイスブック、SMS、eメール、マイグラスゴーアプリを通して行われている。市役所の内部では、日々の問い合わせや事故などを記録するデータベースを保有する。さらに、外部の関係者との情報共有のために、各組織が認識する課題やリスク、日々の業務で発生した問題などを入力し、将来のイベントに備えるための情報システムを導入している。

●ヴァイレ（デンマーク）：市民とのコミュニケーションツールとして、ウェブサイト、SNS、eメール、新聞、TV、ウェビナーを活用している。ステークホルダーとの対話の機会としては、日々の会合のほか、カンファレンスやセミナー開催がある。2016年1月に、地域の6つの自治体が連携して、行政コストの削減に取り組むプログラムを開始した（リードするのはデンマーク政府）。このプログラムを介して、市と消防の連絡が密に取られるようになった。SMSは緊急時の市民への情報発信手段として広く使われている。コミュニケーション戦略を作成し、市役所内の様々な組織が横断的に関わるよう促している。特にモバイルデバイスとソーシャルメディアの活用に力を注ぐ。

コミュニケーション戦略のゴールは、持続可能な街づくりへの旅を共に歩む市民の参画を促すこと、市とのコミュニケーションに市民を積極的に巻き込んでいくことである。行政サービスとソーシャルメディアをつなぐ新たなデジタルプラットフォームの開発を進めている。

●ブリストル（イギリス）：ブリストルの危機管理コミュニケーションが重視するのは、事件や事故の通知、連絡先リストの維持とアップデート、事故／事件の記録、市民へのアラート発信である。関係組織と情報を共有するための内部向け情報システムを導入している。加えて、イギリス政府が開発した、非常時用のステークホルダー間の連絡ポータルを活用している。

ブリストルでは、ステークホルダーを、警察・消防・救急・病院・海沿岸警備・環境省・地方自治体からなるグループ1と、輸送やガス・水道・電気といった生活インフラ供給者からなるグループ2に分けている。連絡ポータルを通じて、グループごとに課題の共有と緊急時の計画、リスクの高い地形や助けが必要な人々を視覚的に確認することのできる地図を共有している。この連絡ポータルは、関係者間の情報共有をスムーズに行う一方で、市民向けの発信機能は持ち合わせていない。イギリスでは日本の緊急速報メールと同じ仕組みが実装されており、気象庁からの警報情報は当該地域に住む住民に自動で届く（個人が受信を拒否する場合は届かない。合わせて、グループ1の関係者にも届くようになっている）。これらの警報は個々の組織が発信するため、単一のプラットフォームに統合されていないという課題がある。

ブリストルは、ロンドンを除くイギリス内の9つの大規模都市をつなぐシティネットワーキングのメンバーになっている。このネットワーキングの中で、気候変動や非常時対応に関するワーキンググループが動いており、担当者はほぼ毎日顔を合わせ、情報交換している。地域レジリエンスフォーラムというシティネットワーキングにも参加している。このフォーラムは、グループ1と2のステークホルダーをつなぎ、共同での計画立案や訓練の実施、教育の機会を提供している。

活動のアップデートと双方向コミュニケーションが課題

これらの自治体はいずれも、日常業務の中で情報共有の機会をつくり、いざというときの対応に備えていることが分かる。SMRプロジェクトでは、平時と非常時のコミュニケーション活動についてさらに詳し

都市名	代表的なステークホルダー
クリスチャンサンド	消防、警察、病院、通信事業者、エネルギー事業者、食料供給事業者、ボランティア団体、郡政府、近隣自治体、港、気象機関
サンセバスチャン	市民安全部門、移動輸送事業者、エネルギー事業者、ICT 事業者、消防、警察、市民、健康セクター
グラスゴー	市民、コミュニティ、交通事業者、研究機関
ヴァイレ	消防、水管理機構、レジリエンスラボデンマーク、グリーンテックセンター
ブリストル	警察、消防、救急、健康セクター、地域コミュニティ、環境団体、チャリティ/ボランティア団体、ソーシャルケア団体、エネルギー/交通事業者、地元企業、近隣自治体、イギリス政府
ローマ	市民安全オフィス、研究機関、チャリティ/ボランティア団体、警察、郡、健康セクター、郡政府

表3・1　各都市の代表的なステークホルダー（出典：文献＊5、p.24より作成）

く課題を把握するため、市役所の担当者と関連するステークホルダーにインタビューを実施した（表3・1）。英語を日常会話で使わない国のインタビューは、プロジェクトに参加する自治体のメンバーが英語に通訳しながら実施した。

各自治体のインタビュー窓口は、クリスチャンサンドは危機管理担当管理官と保健社会サービス部門、サンセバスチャンは健康と持続可能性部門（Health and sustainability department）、市民協働部門、電子行政部門、グラスゴーは持続可能性部門（Sustainable Glasgow department)、ヴァイレは市全体の戦略立案を担当するＶＩＦＩＮ、ブリストルは市民安全部門、持続可能性チーム（Sustainable city team）、高速道路チーム、洪水対策チーム、ＧＩＳオフィス、ローマは自然災害対応部門、社会福祉部門、市民安全部門――となっている。彼らが選定した表３・１内の代表的なステークホルダーの中から、合計33名、20セットのインタビューを実施した。

インタビューでは、システムの乱開発による情報の分散と、災害発生や事故などの複雑な情報を１つのシステムに統合することの難しさが挙げられた。難民対応のように、関係するステークホルダーの数が増加すると、さらなる情報とコミュニケーションの分散が起こる。市役所の内部がサイロ（縦割り）化していて、他の担当課の活動に関する最新情報が得られない、という悩みも大きい。他担当の活動のアップデートがおろそかになると、連絡や連携が必要になったときに、迅速なコンタクトをとることができず、初動が遅れてしまう。

住民との双方向コミュニケーションに課題を抱える自治体も多かった。いずれの自治体でも、住民との関係性を、行政サービスの提供―受領関係から、共に街の未来を創る共創関係に発展させたいという想いは一致している。個人やコミュニティの問題意識を高め、継続的なコミュニケーションを行い、長期にわたる関係性をつくっていく必要性を理解しながらも、人員を割けないという事情を抱えている。双方向コミュニケーションのツールとしてソーシャルメディアが活用されているが、偽情報などを見極める品質管理のノウハウが確立されておらず、課題となっている。加えて、多様なステークホルダーとの連携にあたっては、個人情報を含む機密情報へのアクセスコントロールと情報共有のルール設定も大きなチャレンジとなっている。

3　協働を実現するコミュニケーションのデザイン

各自治体が抱えるコミュニケーションの課題は、都市の特徴により影響の大小があれ、基本的には多くの都市に共通する普遍的なチャレンジと捉えることができる。これらのチャレンジを一度に解決する魔法の杖は存在しないが、システム思考により、解決に向かうプロセスをより構造的に理解し、ゴールに近づくことはできる。SMRプロジェクトでは、各自治体が挙げたコミュニケーションの課題と、それらの解決に向けたコミュニケーションのデザインゴールを整理した（図3・8）。

19の課題に対して、6つのデザインゴールを設定した。デザインの1つ目のステップは、自治体として「何の情報を」共有し発信するのかについての中身を決めることだ。先にご紹介したリスク調査や、政策辞典に掲げられたアクションをスタートとして、共有・発信したい情報の内容について市役所内で話し合うことが重要だ。情報の内容について考える際は、平時と非常時の情報共有を分けて考えすぎないことも大切となる。日ごろのコミュニケーション活動の積み重ねが、非常時の対応に反映される。

ゴールをつなぐEnabler（サポート役）：WhoとHowの決定

情報の中身は、情報を「誰に」届けたいかによって変わってくる。そのため、情報の中身を考えるのと同時並行して、コミュニケーションのターゲットを明確にする。続いて、情報を「どのように」届けるのかを

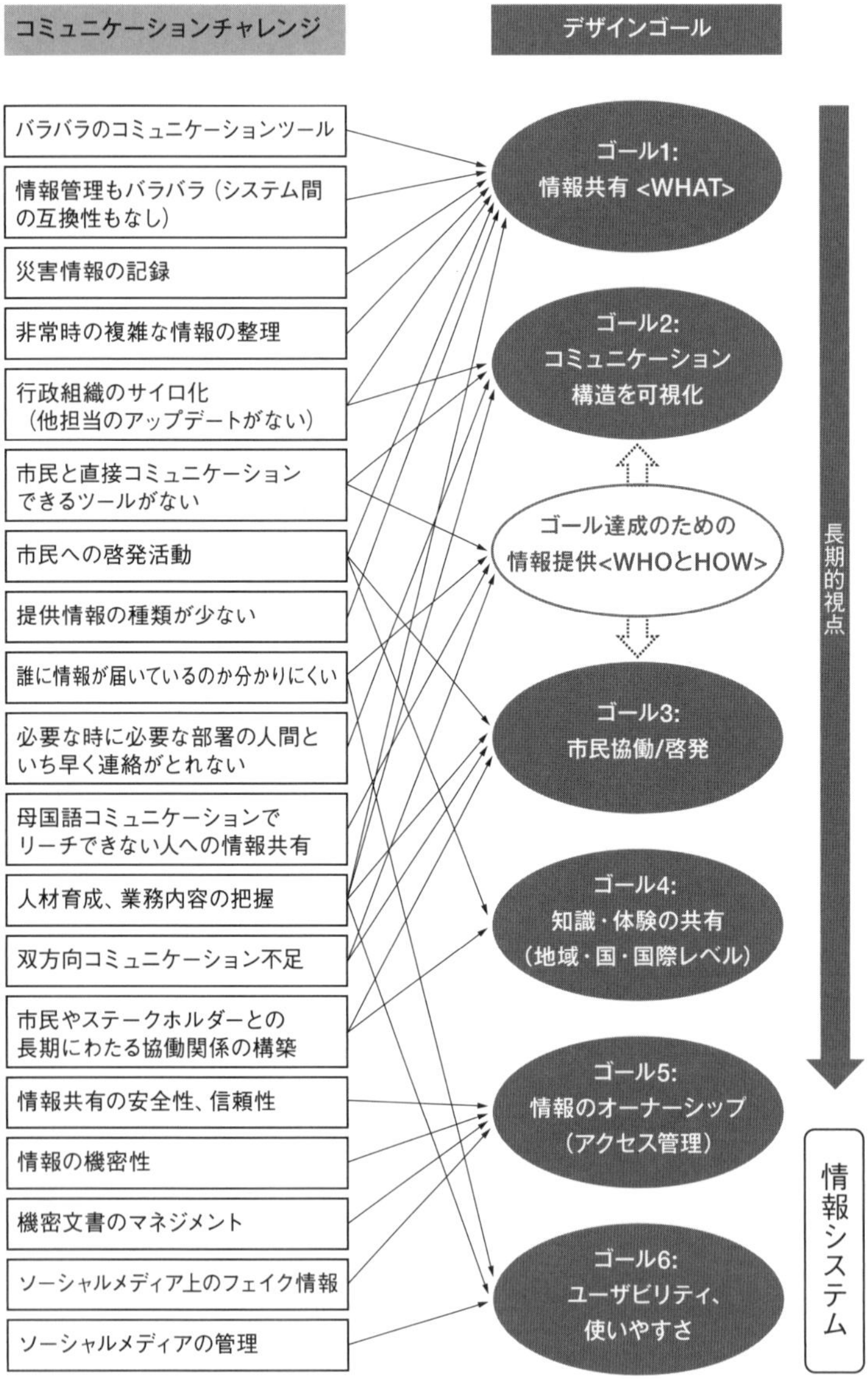

図 3・8　コミュニケーションチャレンジとデザインゴール（出典：文献＊5、p.30 より作成）

整理する。WhoとHowの観点は、ゴール2のコミュニケーション構造の可視化と、ゴール3の市民協働／啓発に影響を与えるため、Enabler（サポート役）として設定した。

ほとんどの自治体で、市とステークホルダーがオープンに情報を交換することのできるコミュニケーションプラットフォームは存在せず、情報交換は日ごろeメールでのやりとりや、電話やSMS、会議で行っている。災害などの緊急時には、自治体はメディアよりも早く関連情報を入手する必要があるものの、初動の段階で情報共有を可能にする手段がない、電話のやりとりが一番早い、との意見が多く聞かれた。外部のステークホルダーとの情報共有にフェイスブックを活用する自治体もあるが、フェイスブック上でのやりとりが最終的な市としての意思決定には活用されておらず、情報共有と意思決定のギャップを指摘する自治体もあった。

住民とのコミュニケーションでは、ウェブサイトを通じた情報提供だと住民の1割程度しか閲覧していない状況の自治体もあり、洪水などの自然災害の際は、異なるSNSを使って情報を流すことでリーチする住民の数を増やしている。日本の緊急速報メールのような、SMSを活用したエリア特定型のメッセージシステムを導入している国もある。地域コミュニティとの情報共有は、アナログな方法ではあるがチラシが最も効果的、と答えた自治体もあった。ブログなどオンラインのコミュニケーションツールの開設を計画したものの、情報をアップデートする人材の確保ができないために断念した、という例もあった。

Contacts Us

Institution	Phone number
Kristiansand kommune sentralbord（クリスチャンサンド市直通電話）	38 07 50 00
Politi（警察）	02800
Vann og avløp vakttelefon（水道局）	38 07 50 00 (between 8.00-16.00) 38 02 93 63 (after 16.00)
Legevakta（非常時連絡先）	116117
Barnevernsvakta（子どもの福祉担当）	38 07 54 00
Brann（消防）	47814000

図3・9　クリスチャンサンドの市民向けコンタクトリスト（情報ポータルプロトタイプから一部抜粋）。（出典：http://smr-project-test. appspot. com/RPKristiansand. page）

コミュニケーション構造を可視化し共有する

日常的なコミュニケーションのスキームは、郡や国のリードにより構築されることが一般的だ。この場合の調整は、対面で行われることが多い。一番多く使われる手法は、ワークショップや会議だ。コンタクトリストの作成・更新も重要なタスクとなる。ある自治体では、30分から1時間の担当内会議を毎週行い、活動のアップデートをする。週に2～4回は市役所内の関連部署とコミュニケーションを取る。関連ステークホルダーのリストとキーパーソンとなる人物の名前と電話番号、メールアドレスが記載されたコンタクトリストを作成している。緊急時にどこに連絡をすれば良いのか一覧できるコンタクトリストは、市民に公開される形としても有効だ（図3・9）。

　コミュニケーション構造の可視化のためのコンタクトリストに加えて有効なのが、ステークホルダーマップの

図3・10　グラスゴーでの情報の可視化例（情報ポータルプロトタイプから一部抜粋）。各ステークホルダーが何をツイートしているのかが一覧できるダッシュボード。
（出典：http://smr-project-test. appspot. com/RPGlasgow. page）

作成だ。日常的なコミュニケーションにはいくつかのレベルがある。自治体の担当課内のコミュニケーションから、リーダーとなる首長とのコミュニケーション、ステークホルダーを巻き込んだコミュニケーション（アドバイザーフォーラムなどと呼ばれる）、自治体の域を超えた地域レベルのコミュニケーション（地域カンファレンスの開催）というように、ガバナンスのレベルが上がるにつれて、関係者の層が広がっていく。彼らといつどのような目的で連絡を取る必要があるのかを可視化するのがステークホルダーマップの考え方だ。

コンタクトリストやステークホルダーマップの作成には人も時間も必要となるが、自治体のコミュニケーション活動の基礎となる重要な作業となる。ビデオ通話やチャットなどオンライン会議ツールを導入して、会話のログを残すことも、コミュニケーションの進捗を把握するために効果的だと考えられる（図3・10）。

住民の問題意識を高める

レジリエンスのレベルが高まるにつれて、住民は、従来の情報の受け手、行政サービスの利用者としてではなく、街づくりへ主体的に関与し、価値創造する共創のプレーヤーになっていく。インタビューした自治体が口を揃えるのは、これまで注力してきた関係組織とのコミュニケーション活動や、状況共有に役立つシステムの構築では、住民とのインタラクティブなコミュニケーション、長期的な関係性の構築という観点が弱かった、ということだった。

ソーシャルメディアが一般的に使われるようになり、住民とのコミュニケーションチャンネルが増えたことで、どの都市においても住民との双方向コミュニケーション、ソーシャルキャピタルの醸成、そして共創による街の価値創造に取り組んでいる。いくつか例をご紹介しよう。

ノルウェーのクリスチャンサンドでは、ユースクラブ（Fritidsetaten）活動に取り組んでいる。ユースクラブは、成人前の子どもたちが交流し、遊び、食事をする共同の学び場である。日本でいうクラブ活動の延長線と考えていただければ良いだろうか。市役所の職員を中心とした大人たちが子どもたちにタスクを与えて、楽器を弾いたりボードゲームなどで遊ぶ。このプログラムをリードするのは市の文化担当部長。市が費用を負担しているため、子どもたちは低コストで参加することができる。このプログラムのミッションは、〝子どもたちが成長する居場所の提供〟であり、市がコミュニケーションを展開する際のストーリーづくりの柱となっている。あくまで子どもが中心のプログラムではあるが、大人の関与度が強い点が特徴的だ。フェイスブックとユーチューブを使って、定期的にイベント情報や活動レポートを発信し、子どもや両親と直接コミュニケーションをとっている。子ども時代から市のプログラムに参加することで、信頼関係をつくり、将来的な共創のパートナーになってもらうことを目指している。

イギリスのブリストルでは、市内の地域ごとにご近所パートナーシッププログラム（Neighbourhood

partnerships）を立ち上げている。まず、市内を14の地区（各地区の人口は3万人から6万人程度）に分け、地域から選出された評議員、地域の住民、企業、NPOなどで構成されるパートナーシッププログラムを組織する。このプログラムには、毎年、市から活動に必要な費用が提供される（最大500万円程度）。市では、地域の情報や住民の関心を集め、イベントを企画し、双方向のコミュニケーションを展開するためのフェイスブックページを立ち上げた。各地区でも、独自のフェイスブックページを立ち上げ、住民間のコミュニケーションに活用している。フェイスブックページを開設してから約3か月で、累計16万人へのリーチを達成した。投稿に「いいね」がついたりシェアされたものは4000件に上った。住民は、市のウェブサイトから最寄りのご近所パートナーシッププログラムを検索することができる。各地区のページには、市役所の連絡担当者、地域の懸念事項、学校や駐車場情報、そして毎日の太陽光発電の稼働状況が掲載される。独自にゴミ拾いや野外活動に取り組み始めた地区もあり、将来的には市の関与度を小さくしながら共創関係を維持したいと考えている。

SMRプロジェクトで作成した情報ポータルのプロトタイプには、災害時に発出されるアラートをどのように理解したら良いのかについて、イラスト付きで解説するページを設けた（図3・11）。このような教育コンテンツも、住民の意識を高め、住民同士の共助の取組みをサポートする。

他都市との間で過去の教訓や知識を共有する

ここまでご紹介したコミュニケーションデザインのゴールは、情報共有のWhoやHowの定義、ステーク

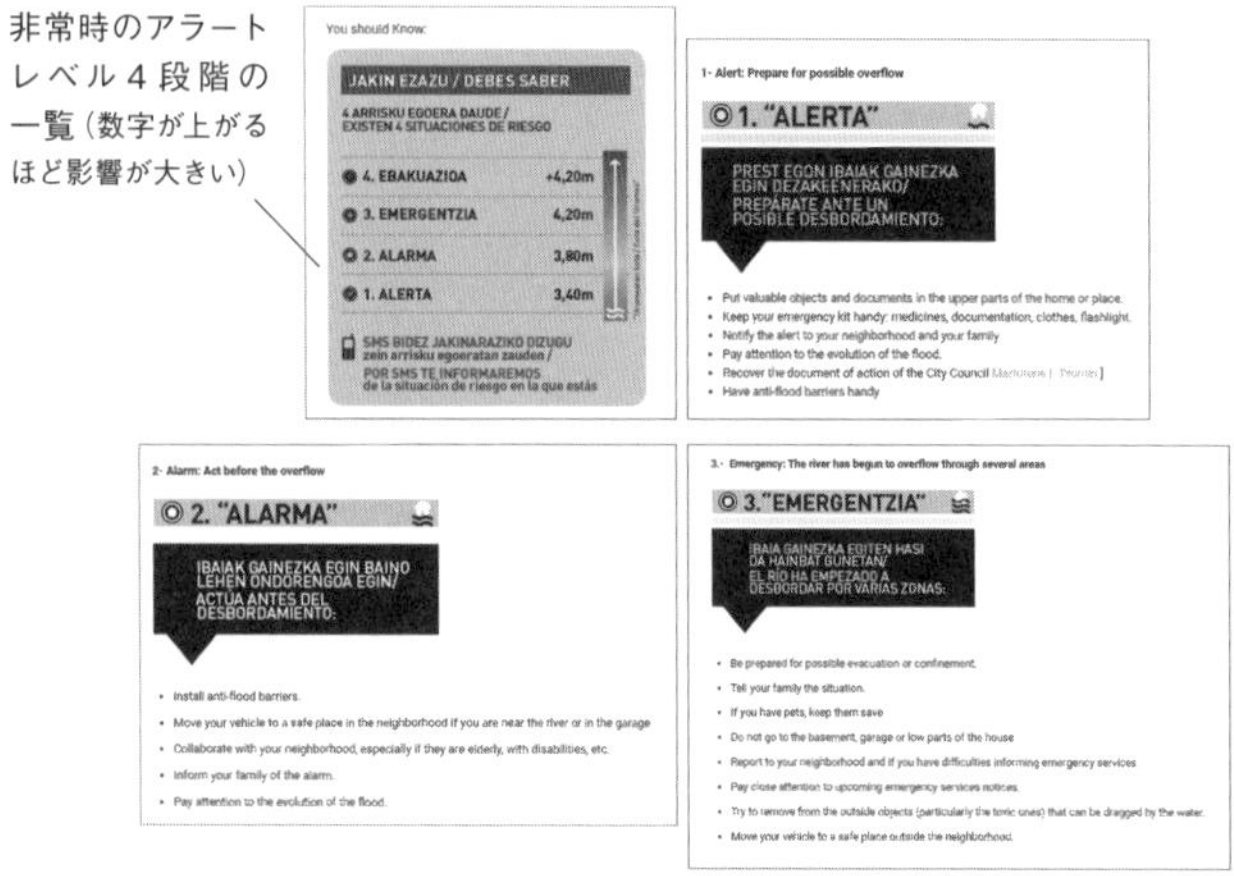

非常時のアラートレベル4段階の一覧（数字が上がるほど影響が大きい）

図3・11　サンセバスチャンのアラートレベルの解説（情報ポータルプロトタイプから一部抜粋）。非常時のアラートレベルの説明と、各レベルの詳細な説明が記載されている
（出典：http://smr-project-test.appspot.com/UserPage?PageKey＝5731346630574080）

ホルダーマップやコンタクトリストの作成・更新、フォーラムや会議の開催など、各自治体でノウハウがある程度蓄積されている取組みが多かった。住民との長期的な関係性の構築はこれからの課題とはいえ、ソーシャルメディアを活用した双方向コミュニケーションの実践例も出てきている。一方で、４つ目のデザインゴールである「知識・体験の共有」は、地域や国を超えての実践例がまだ少ない。

知識・体験の共有は、都市が抱える長期の課題（ストレス）と短期課題（ショック）を他の都市と共有し、過去の教訓や未来構想の議論を通じて相互の学びに変える。クリスチャンサンドで年に一度開催している地域カンファレンスは、地域単位の学びの場として捉えることができる。政策辞典のケーススタディも、教訓や知識の見える化として効果的だ。国を超えた事例としては、国際的な都市ネットワーク（１００ＲＣプログラムなど）が定期的に市長やＣＲＯとのトップレベル会合を

図3·12　グラスゴーのリソースリスト(情報ポータルプロトタイプから一部抜粋)。参考になる情報のリソースとリンクの一覧表
（出典：http://smr-project-test.appspot. com/UserPage?PageKey = 5676201666412544）

開催し、国境を越えた都市のつながりをサポートしている。SMRプロジェクトのメンバーであるICLEIも、2013年から2018年まで毎年オープンヨーロッパデー（Open European Day）を開催し、ヨーロッパの各都市が抱える課題や解決策について議論する場を提供した。これらの取組みは、過去の教訓や知識の共有の1つの方向性を示している。

SMRプロジェクトの情報ポータルでは、形式化された都市の知識や体験を共有する1つの方法として、関連情報のリソースを集めたページを作成した（図3・12）。

情報のオーナーシップとユーザビリティ

情報共有から知識共有までのコミュニケーションデザインのゴールは、図3・8に描かれている通り、ゴール1から4に進むにつれて長期的な視点を必要とする。レジリエンスのレベルに対応しているといっても良い。一方、コミュニケーションゴール5と6は、コミュニケーションシステムの非機能的な側面に焦点が当てられている。

自治体のインタビューでも多く触れられた通り、コミュニケーション活動においては、機密情報を守ること、機密文書の管理といったセキュリティ絡みのテーマから、ソーシャルメディア上の偽情報への対応まで、幅広い課題への対応が必要となる。特に給水、エネルギー、通信といった生活インフラに関する詳細なデータ、さらには緊急時対応に関するデータは、テロ攻撃の標的になりやすいことが分かっているため、共有には慎重にならざるを得ない。アクセスコントロール（誰が、どの情報にアクセス可能かを定義する）と定期的なセキュリティテストが重要となる。

加えて、ツールの使いやすさ、ユーザビリティも重要なファクターだ。日本でも一般的な認識になっているが、普段使いしていないツールはいざというときに使えない。生活に密着していない、住民のニーズに沿っていない、使い勝手の悪いツールは日常使いされない。多言語やマルチデバイス対応を含めた、ユーザー体験の向上が日常使いの鍵となる。

活動の知見を標準文書に

SMRプロジェクトが開発した5つのツールに基づいた全体のガイドラインと、成熟度指標、コミュニケーションプラットフォームが、プロジェクトメンバーであるドイツのDINとの協働により、ヨーロッパの標準合意文書として刊行された。[*6] この文書はCWAシリーズとして、ヨーロッパ規格の合意文書という位置づけとなった。標準文書の一歩手前の、公式な合意文書シリーズだ（図3・13）。

DIN

City Resilience Development
CWA 17300 standards series

3つの合意文書がCWA17300シリーズとして公開されたことが紹介されている

Introduction

The City Resilience Development standards series intends to support cities in becoming more resilient against various kinds of threats. The series consists of the following three CEN Workshop Agreements:

- CWA 17300 City Resilience Development – Operational Guidance（レジリエンスガイドライン）
- CWA 17301 City Resilience Development – Maturity Model（成熟度指標）
- CWA 17302 City Resilience Development – Information Portal（コミュニケーションプラットフォーム）

The CWA on Operational Guidance is the overarching document that refers to the *CWA 17301 City Resilience Development – Maturity Model*, *CWA 17302 City Resilience Development – Information Portal*, as well as to other supporting tools.

The CEN Workshop Agreements are free downloadable at the following website:
https://www.cencenelec.eu/research/CWA/Pages/default.aspx

図3・13　DINによるCWA合意文書シリーズの紹介チラシの抜粋
（出典：https://smr-project. eu/standards/）

SMRプロジェクトは、サステイナビリティやレジリエンスという抽象的なテーマに基づいた、現場の実践をサポートするツールボックスの作成というチャレンジングなゴールを掲げた。そのため、活動開始当初はメンバー一同、ゴールの達成に半信半疑状態であった。3年間の深い議論と研究活動の最後には成果を公式な文書として刊行し、活動の知見を世界の誰もが参照できる形として公開したことは大きな達成だった。ヨーロッパ内の多国籍プロジェクトであったため、全ての文書やツールに使用されたのは英語である。プロジェクトに参加した各自治体では、必要なツールや文書をローカライズ（自国の言語に翻訳）する活動が始まっている。持続可能性を実現するためのアプローチにおいて、多分野の協働で何が可能となるのか（2＋2＝

5以上の議論）、そして学術研究の知見がどのように生かされるのか、一例として参考にしていただきたい。

〈注釈・文献〉

1 Howick, S., Eden, C. and Pyrko, I., *SMART MATURE RESILIENCE - D3.4 RESILIENCE BUILDING POLICIES*, October 2017

2 Howick, S., Eden, C. and Pyrko, I., *SMART MATURE RESILIENCE - D3.3 RISK SYSTEMICITY QUESTIONNAIRE*, March 2017

3 Labaka, L., Iturriza, M., Abdeltawab, S. S. A. A. and Radianti, J., *SMART MATURE RESILIENCE - D3.5 SYSTEM DYNAMICS SIMULATION MODEL: CITY RESILIENCE DYNAMICS TOOL*, October 2017

4 ＳＭＲウェブサイト、https://smr-project.eu/cities-and-resilience/

5 Majchrzak, T. A. and Sakurai, M. *SMART MATURE RESILIENCE - D4.2 DESIGN PRINCIPLES FOR THE USE OF SOCIAL NETWORKING SERVICES TO PROMOTE TRANSDISCIPLINARY COLLABORATION*, May 2016

6 *CWA 17300 City Resilience Development - Operational Guidance, CWA 17301 City Resilience Development - Maturity Model, CWA 17302 City Resilience Development - Information Portal*

4 価値創造の鍵となる デジタル活用

ギリシャ・アテネの街中にあるアイスクリーム屋さん。昭和レトロでなんだか懐かしい

1 デジタルトランスフォーメーションで価値の源泉が変わる

デジタルトランスフォーメーションとは何か？

本章では、都市における価値創造を高める原動力となるデジタル活用について理解を深めたい。2章と3章の事例では、都市の持続可能性を高めるため、積極的にデジタル活用が進められていた。日本においては、新型コロナウイルスが社会を襲った2020年以降、〝DX〟という言葉を聞く機会が多くなった。DXとはデジタルトランスフォーメーションの略称で、元々は産業界のデジタル化を指す言葉として使われた。街づくりにおけるデジタル活用についても参考になるので、DXのエッセンスを簡単にご紹介する。企業がビジネス環境の激しい変化に対応するため、次の2つに取り組むことをデジタルトランスフォーメーションという[*1]。

①データとデジタル技術を活用して、顧客や社会のニーズをもとに、製品やサービス、ビジネスモデルを変革すること。

②業務そのものや、組織、プロセス、企業文化・風土を変革し、競争上の優位性を確立すること。

例えばレコード会社がそれまでカセットテープやレコードで売っていたものをCDに変更するのは、製品のデジタル化（録音方式が変わる）とはいえるがDXとしての意味合いは弱い。CDをオンライン上でデジタル販売する段階になると、ビジネスモデルが変わってくるため、DXの要素が入ってくる。音楽を単品で購入するというそれまでの慣習をサブスクリプション方式に変えて、クラウド上の膨大な数の音楽をいつでもどこでも聴けるサービスになると、新たなビジネスモデルの構築となり①にあてはまる。

ビジネスモデルを刷新することだけがDXの本質ではなく、価値創造のプロセスや人材育成、企業戦略など、組織内部の変革を伴うこと（②の視点）が重要となる。1章でご紹介したトランスフォーメーション＝進化の考え方を思い出していただきたい。システムが外部からの影響を吸収しながら、ときには形を変えて、変化する環境への適応能力を獲得するプロセスだ。例えば民間企業では、DX推進室と呼ばれる部署を新設したり、社内の予算利用や意思決定のプロセスの変革、デザイン思考の導入、社内外の組織とのコラボレーションスペースの新設などが実践されている。

SDGsとデジタルの関係はというと、国連のSDGs文書の中では、ICTは人間の進歩を加速させる潜在能力がある、と述べられている。17のゴールの中でICTそのものが掲げられているものはないが、169のターゲットの中ではゴール4・b（ICT教育プログラムの拡充）、ゴール5・b（女性のエンパワーメント促進のためのICT利活用）、ゴール9・c（インターネットアクセスの向上・低廉化）、ゴール17・8（科学・技術・イノベーションのキャパシティビルディングとICT活用促進）にICT活用が入っている。

これらのターゲットは、本書のテーマである街づくりにどれも関連が深いが、ここでは特にデジタルガバメントの観点から、ICT＋データ活用がどのような価値を創造するのか考えよう。

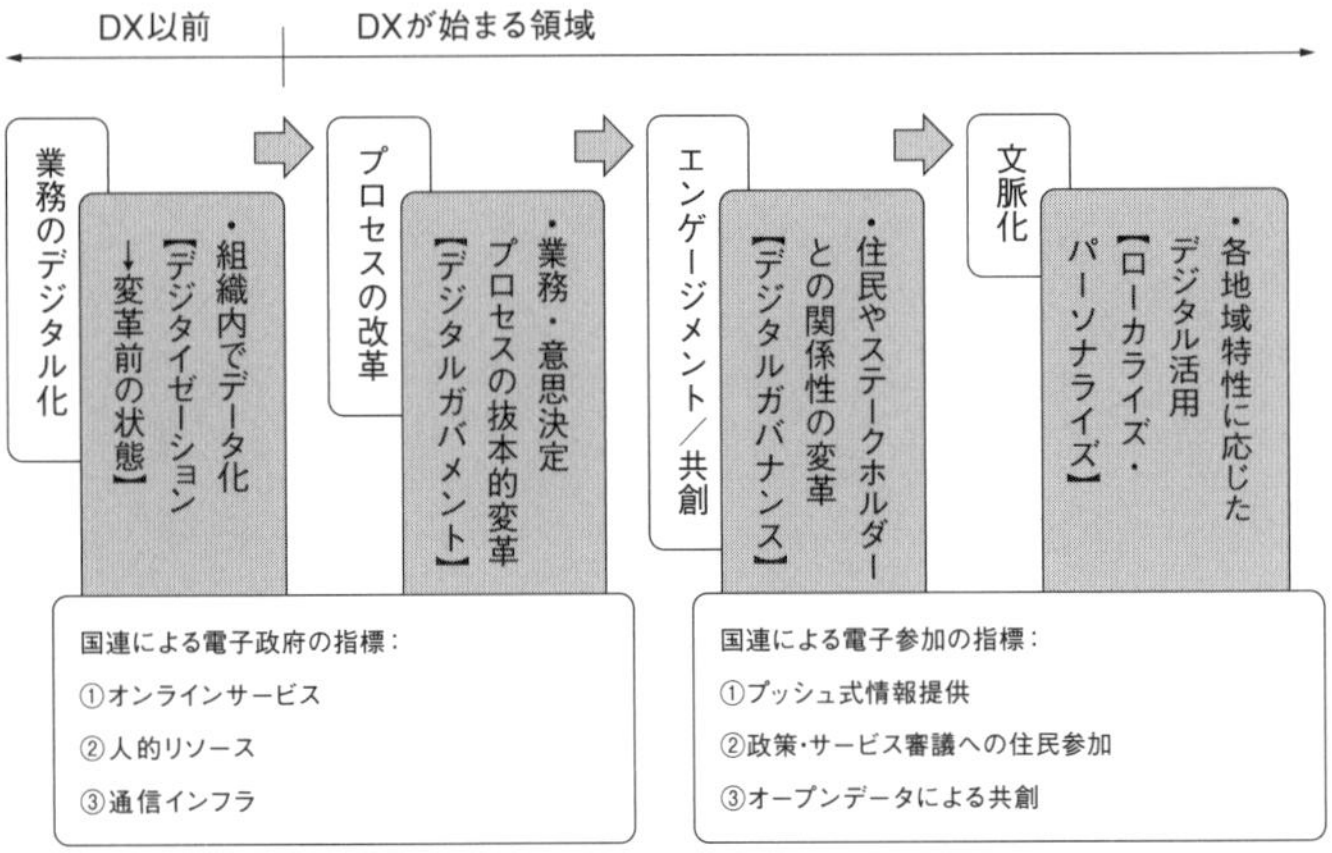

図4・1　デジタルガバメントの4つの観点（文献＊2をもとに作成）

デジタルガバメントの4つの観点

国連によるデジタルガバメントの調査を分析した先行研究では、国連加盟国のほとんどが、理想とするデジタル活用の段階に到達していないという。[*2] 行政におけるデジタル推進には、次の4つを区別し理解することが重要だ（図4・1）。

●**業務のデジタル化〈デジタイゼーション〉**：行政業務の自動化・デジタル化を指す。業務のやり方そのものを変えることはしない。従来、紙で行っていた業務をシステム入力によりデータ化することなどがあてはまる。

●**業務・意思決定プロセスの改革〈デジタルガバメント〉**：業務のデジタル化を受けて、組織内部の業務のやり方や、意思決定の構造を抜本的に変革する。ここでの変革は組織内部に閉じており、外部組織との関係性の大きな変化は生じない。コロナ禍で加速したハンコ省略の動きや、テレワークなどがあてはまる。

●**エンゲージメント／共創〈デジタルガバナンス〉**：行政組織と

住民、企業やNPOなど外部との関係性を変革させるプロセスであり、住民と行政とのつながり強化、コミュニケーションの変革、共創プロセスへの住民参画を推進する。関係性が変わることで、行動も変化する。例えば、行政サービスのオンライン化により来庁せずとも行政手続きができる、行政サービスの新たな担い手としての地域コミュニティや住民との共創活動などが当てはまる。

●文脈化〈ローカライズ・パーソナライズ〉：国や各地域の特性、コミュニティの状況（コンテクスト＝文脈）に応じたデジタル活用を指す。個人の年齢・性別・家庭状況などのパーソナル情報、あるいは地域コミュニティの状況に応じた情報伝達（プッシュ式情報提供など）、サービス提供やビジネス支援が行われる。文脈化のキーワードは、地域特性に特化するローカライズと、個々人のニーズや状況に応じて情報やサービスをカスタマイズするパーソナライズである。文脈化は、従来のマス（大衆）を対象としていた情報やサービス（アウトプット）から、価値の源泉を地域と個人（ローカライズとパーソナライズ）に転換することで、デジタル活用が生み出す価値そのものの考え方を塗り替える、「都市の価値創造システム」の心臓部となる。

先行研究では、各種調査の対象となった193の国連加盟国のおよそ4割が、プロセス改革を実行できる能力を有すると分析した。エンゲージメントの実行能力を持つのは3割、残りの3割程度が文脈化を実現できるだろうと結論づけている。あくまで国連の調査をもとにデジタルの遂行能力を分析した研究であり、実態調査ではないことにご留意いただきたい。

デジタルガバメントを住民のニーズから把握しようとすると、プロセス改革と文脈化にはそれぞれ高いニーズがある。また、エンゲージメントの捉え方によって、デジタル化のニーズを高めていくこともできる。[*3]

本書が「都市の価値創造」の観点から着目するのは主にエンゲージメント／共創と文脈化となるが、その議論に進む前に、プロセスの変革について簡単にご説明する。

国連電子政府ランキングから見るプロセス変革

国連の電子政府ランキングでは、デジタル化の進捗具合を、オンラインサービス、人的リソース、通信インフラ整備の3点から評価する。人的リソースと通信インフラ整備はデジタル化の基本条件として、オンラインサービスは、図4・1では「業務のデジタル化」後期から「プロセスの改革」に該当する。オンラインサービスは、オンラインで提供される行政情報の範囲（例えば、「健康施策や関連予算」に関する情報）、オンラインシステムの要件（例えば、メタデータレポジトリの存在、GIS統合など）、オンラインシステムの機能（例えば、出生証明書の申請、自動車免許の申請などができること）の3点から、人的リソースは、15歳以上人口の読み書きの能力、小学校〜高校までの学校に通う子どもの数、これらの学校生活を終えるために必要な年数、25歳以上の成人が教育を受けなおす際に必要な期間（年数）の項目に基づいて評価される。通信インフラ整備は、人口100人あたりのインターネットユーザー・携帯電話ユーザー・無線／固定ブロードバンド契約者の数から評価される。

2020年の調査では、デンマーク、韓国、エストニアがトップ3位となり、フィンランド、オーストラリアやスウェーデンが続くランキングとなった（日本は14位）[*4]。項目別でみると、オンラインサービスの観点でトップだったのは韓国（満点を獲得・日本は同率10位）、人的リソースではオーストラリア（満点を獲得・日本は14位)、通信インフラ整備ではデンマーク(満点に限りなく近い点数・日本は6位)がそれぞれトップを飾った。業務のデジタル化とプロセス改革については、日本ではオンラインサービスと人的リソースの改善が課題と言えそうだ。

2 デジタル技術を導入して終わりではなく、その先のエンゲージメント/共創が重要

住民やステークホルダーとの関係性を変えるエンゲージメント

エンゲージメントは行政組織と住民、企業やNPOなどとの関係性を変革させるプロセスを指す。2章と3章でご紹介したように、世界の自治体では、共創、協働、信頼醸成、住民やステークホルダーとの関係強化に様々取り組んでいる。

前述の国連電子政府ランキングでは、エンゲージメントについて、デジタル参加(e-Participationと呼ばれる)の観点から、プッシュ型情報提供、政策・サービス関連の議論への参加、そして政策やサービスを共にデザインする共創の3つの指標が提示されている。

エンゲージメントの推進に欠かせないのは、3章でもご紹介したコミュニケーション活動だ。例えば、スペイン南部のアンダルシア地方で5万人以上の人口を持つ、29自治体のツイッターコミュニケーション(合

計34万6000ツイート）を分析した調査がある。住民と自治体のエンゲージメントの度合いを、①「いいね」数、②コメント数、③リツイートの数から測定した。[*5]

約35万ツイートのうち、およそ57％のツイートから「いいね」、コメント、リツイートのいずれかが生まれていた。「いいね」、コメント、リツイートの数の大小には、投稿の形態と投稿の内容が影響を与えることが分かった。写真やビデオは、他の投稿形態よりも多くのリツイートや「いいね」を獲得する傾向がある。ユーザーからのコメントが最も多かったのは文章のみのツイート（投稿全体の29％）と、写真やビデオを含む投稿（投稿全体の16％）だった。投稿の内容別では、〝スポーツ〟（投稿全体の4％）がリツイートを、〝文化とシティプロモーション〟（投稿全体の26％）は「いいね」を引き出す傾向があった。全体を通じて、エンゲージメントのアクションとして、市民は「いいね」やコメントよりも、リツイートをする傾向があることも分かった。

さらに、ツイートの総数とフォロワー数はエンゲージメント度合いにマイナスに作用することも分かった。つまり、人々は大きすぎるコミュニティでは自分の存在をさらすことを嫌がる、ということだ。また、「いいね」、コメント、リツイートの件数は、自治体の規模に影響されないことも分かった。

SNSを活用した日ごろのコミュニケーション活動により住民との関係性を構築し、信頼関係を醸成したあとは、街づくりへの〝参加〟を後押しして、共創を実現する必要がある。共創に必要な原則は、民主的な参加者（住民）を集めること、共創のパートナーとの実践活動（住民に加え企業や大学などが入る）、そしてデジタル活用の3点だ（図4・2）。

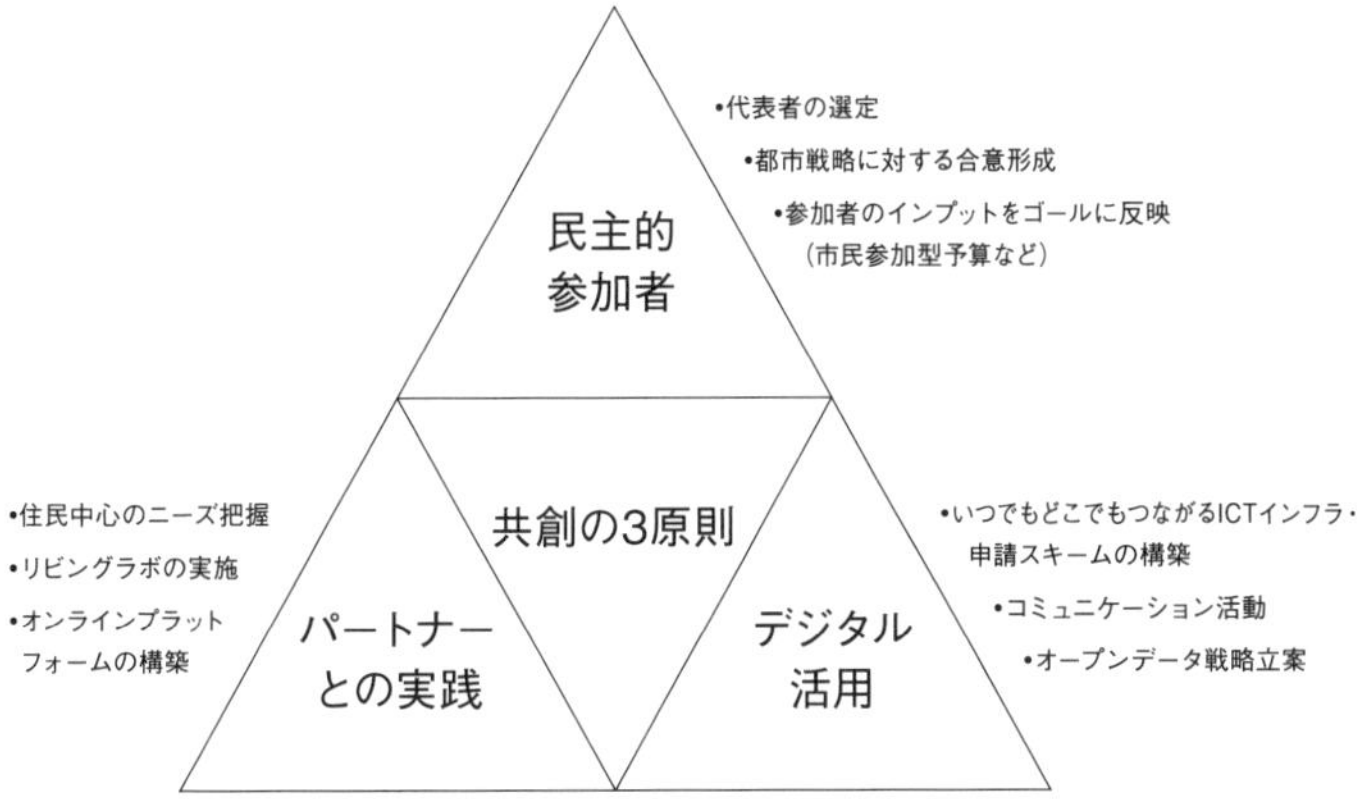

図4・2　共創の3原則（出典：文献＊6をもとに作成）

ベルギーのゲント、ブリュッセル、ナミュール、モンスとオランダのアムステルダムを対象とした共創の進展度合いに関する分析では、リビングラボやオープンデータの取組みが先行し、他の項目の達成度にはばらつきがあった。[*6]

住民ニーズに関して、国連のデジタル参加の指標として提示されているプッシュ型情報提供と、政策・サービス関連の議論への参加に関する日本国内の状況は、プッシュ型の情報提供には一定のニーズがある（アンケート調査で「関心のある情報を自動的に受け取りたい」と答えた人が45・7％）一方で、政策討議への参加意欲は低い（同調査で「市政に自ら参加する暮らしを送りたい」と答えたのは7・8％）。[*3]

政策審議への参加を後押しするオンラインプラットフォーム

共創の3原則をサポートするツールとして、市民参加型のオンラインプラットフォームが注目されている。都市戦略や街づくりに対する住民・ステークホルダーとの合意を形成する、住民からの意見を施策に反映する、住民ニーズを把握する、住民同士の議論の場を構築する——などの機能を提供するオンラインプラットフォームとして、デシディム（Decidim）と呼ばれるオープンソースツールがある。デシディムの由来は、「議論しよう」「私たちが決める」という意味のスペイン・カタルーニャ語だ。[*7] 2019年2月にスペインのバルセロナでプロジェクトが立ち上がった。住民がSNS上で繰り広げる社会への不満をそのままにせず、文句のかわりに異なる意見をつなげ、共通の話題について議論する。人々の承認欲求を満たし、生活を良い方向に変える合意を創っていくための、市民参加プラットフォームだ。

デシディムでは、ユーザーが行政の計画にコメントをしたり、提案を作成したり、合意形成を目的とした特定のプロジェクトを立ち上げることができる。投票機能や議論プロセスの可視化（ログ）、オンラインミーティング機能などを備える。例えば、行政の予算策定の際、「この分野に予算を使ってほしい」という住民のリアルな声を吸い上げて市民参加型予算を実践する、あるいは、NPO活動を進めるための情報共有・オンライン集会のサポート、などの利用シーンが想定されている。スペインのバルセロナ市で、市のアクションプラン策定の際に利用され、4万人以上が参加、1万を超える提案の中からおよそ1500件の提案が採択された。[*8]

ソースコードが公開されているため、世界の他の都市で、地域のニーズに合わせながら利用することができる。日本では、2020年10月に兵庫県加古川市が、シビックテック（市民が主体となり街の課題を技術で解決すること）を実践する非営利団体コード・フォー・ジャパン（Code for Japan）と連携して、「加古川市市民参加型合意形成プラットフォーム」を立ち上げた。東京・渋谷地域のスマートシティプロジェクトや横浜市でも活用が予定されている。

民主主義の合意形成プロセスを身近に

市民参加型のオンラインプラットフォームが政治活動に大きな影響を与えた例として、イタリアの5つ星運動（Five Start Movement、M5S＝政党の名前）がある。2013年のイタリア国政選挙で、史上2番目に多い票を獲得したことで話題となった（2009年の結党からわずか4年後）。1980年代に人気を博したコメディアンのベッペ・グリッロ氏と起業家のジャンロベルト・カザレッジョ氏が結党したM5Sは、当時フォーブス（Forbes）によって世界で7番目に影響力があるとされたグリッロ氏のブログから活動の場を広げていった。ブログやミートアップ（Meetup）というSNSを使って支持者の集会を開催し、世界21か国で1482のグループが構成されるまでになった。以後、M5Sは、情報共有、議論の場の提供、意思決定のサポート、そしてアジェンダ設定までオンラインをベースに行うことになる。M5Sのオンラインプラットフォームには、一部のエリート層が中心的だったそれまでのイタリア政治に失望した、80万人を超える登録者の申請があり、人々の政治への関心を高める要因となった。

登録者の関心別に組織された大小のグループでは情報の交換が行われ、政党としての意思決定が必要なときには、SNS経由で投票やアンケートが実施される。メンバーが法律のプロポーザルに書き込みができるLexと呼ばれる仕組みも存在する。[*9] 参加者が増えたことで、コメントや書き込みの質の選定をどのように行うのかが大きなチャレンジとなっている。

日本では、先にご紹介したように、「市政に自ら参加する暮らしを送りたい」と考えている人は少ないため、ここでご紹介したような欧州の事例がそのまま「エンゲージメント／共創」のツールとして機能するとは限らない。むしろ、地域でのリアルなイベントを軸にしたエンゲージメントが、デジタル活用にプラスの影響を与えることが分かっている。[*3] 海外の事例は、街づくりや民主主義を身近にする仕掛けづくり、行政と住民との関係性を変えるとはどういうことか？を考える上で示唆に富んでいる。

3 進化の鍵となるのは、都市の新しい価値創造モデル ～ローカル情報の活用とパーソナライズ～

文脈化で命を守る

「文脈化」は、あなただけの、あなたのための情報やサービスの提供を指す。ＳＤＧｓが目指す「誰１人取り残さない」世界を実現するための鍵となる。日本ではSociety5.0として、２０３０年以降の社会像として「イノベーションで創出される新たな価値により、地域、年齢、性別、言語などによる格差がなくなり、個々の多様なニーズ、潜在的なニーズに対して、きめ細かな対応が可能となる。モノやサービスが、必要な人に、必要なときに、必要なだけ提供される[*10]」と示されている。

ＳＤＧｓの掲げるゴールに合致し、かつデジタル活用による文脈化が期待できる分野として、自然災害への備えや対応がある。日本に訪問歴のあるデンマーク人の同僚が、「日本は訪問者に優しい街づくりをしている。東京都内の駅には大体、出口に地図の看板があって、自分の現在地が分かるようになっている。地域によっては、過去の災害の伝承が可視化されている（津波到達ラインを示す看板など）ことも素晴らしい」と言っていた。各地域の特性（コンテクスト＝文脈）に応じた情報提供という、文脈化の考え方を良く表している。私たちは、台風や洪水などの自然災害が発生したとき、屋外に設置された防災スピーカーを通じて市区町村からのメッセージを聞いたり、携帯電話のエリアメール／緊急速報メールで気象庁からの警報情報や、自治体からの避難指示などを受け取っている。近年の台風の増加や強大化により、夏から秋にかけて、毎年のようにメッセージを受け取っている人もいるだろう。

気象の警報情報は自治体の行政域単位、自治体からの避難情報は町丁字単位が対象で、〝面〟での発信にとどまっているため、〝自分ごと〟として認識するのが中々難しい。例えば、洪水時に○○市で避難指示が出されたとする。自治体からの避難指示は、町丁字単位が対象となるが、避難指示が出された○○市△△町に住む人、と一言で言っても、住宅の立地や家族構成など、家庭により避難行動にかかる事情は異なる。避難に支援を必要とする人もいれば、持病のため服薬が必要な人、ハザードマップ上でリスクが高いとされるエリアに住んでいる人、指定避難所の近くに住んでいる人、指定避難所まで一定の時間がかかる人、などなど様々である（図４・３）。たまたま仕事や観光でその地域を訪れている場合、どこに避難すれば良いのかも分からないだろう。デジタル活用により従来の〝面〟単位での情報発信から脱却して、個人個人が災害時

図4・3　同じ地域でもリスクが異なる例。斜線は土砂災害警戒区域。枠内は想定浸水エリア
（出典：藤沢市土砂災害・洪水ハザードマップ
（http://guru-fmap.city. fujisawa.kanagawa.jp/map/map/?mid ＝ 59&cid ＝ 1&gid ＝ 1）をもとに作成）

に命を守る行動を選択する後押しをしたい。

自治体が保有するローカル情報とパーソナル情報を活用する

ある一定のマスや地域を対象とした情報の伝達を超えて、「必要な人に、必要なとき、必要な情報が届く」仕組みを構築するためには、ローカル情報とパーソナル情報の活用が必要だ。

自治体は、地域の状況を把握するために必要な情報を持っている。ハザードマップ、施設情報や施設収容人数、公的な福祉施設であれば入居者の年齢などである。このような自治体が保有する地域情報を、ローカル情報と呼ぶ。加えて、住民記録と呼ばれる住民の表札情報、家屋や建物に関する固定資産税の情報、避難行動に支援が必要な人の情報（要支援者名簿）を保有している。このような個人に関する情報をパーソナル情報と呼ぶ。ローカル情報を、災害が発生する前の準備段階、そして発災後の対応に活用し、パーソナル情報と掛け合わせることができれば、よりエリアを限定した避難行動の事前啓発や、災害リスクの高い場所に住んでいる個人に対する、パーソナライズされたアラートメッセージを出すことが可能となる。もちろん、パーソナル情報は個人情報なので、むやみやたらに活用することはできないが、災害時に命を守るため正しく使うことを、行政と住民の間で合意していきたい。

アメリカや日本では、災害時のパーソナライズ情報発信の実証実験が行われている。携帯電話のSMSやLINE経由で、洪水発生が予測される地域の住民に、「もうすぐ浸水しますよ」というアラートメッセージが送られる。そこから利用者とのチャットが始まり、「○○時間後に住宅周辺の水位が○○cm上昇する」といったリアルタイム情報、避難場所の案内、ルート案内、AIチャットボットを用いた必要な物資の聞き取りといった、住民の状況に応じたコミュニケーションが展開される。

日本のデジタルガバメントに関する住民ニーズ調査[*3]では、災害などの非常事態に、自分や家族に必要な情報（どこに避難するのか、持ち物は何かなど）の提供を望んでいるのは6割に上った。SNS上に「緊急時にどこに連絡すればいいのかが一目で分かる連絡帳が欲しい」と答えたのは4割で、デジタル活用と災害関連サービスの相性は高い。自治体がデジタルサービスを展開する際に使っても良い個人情報を聞いたところ、（割合の高い順に）年齢、性別、住所、世帯構成、職業、お薬手帳、病／往診歴、要介護者の有無、などが挙げられた。一方、使ってほしくない個人情報のトップは、所得と位置情報、次いで病歴だった。データ活用にあたっては住民ニーズのきめ細やかな把握と、丁寧な説明が必要となる。

パーソナライズ情報発信の実現には、ここに挙げたような住民のパーソナル情報、住居の情報、ハザードマップ上のリスク情報、避難場所情報、気象情報、人流・交通情報などの、保有者が異なる多種類の情報の連携が必要となる。

〝人の手〟がデータ連携を支える日本

データ連携は、日本が苦手とするところだ。日本の自治体におけるデジタル化は、〝人の手〟が支えているという実態がある。

例えば昨年、国民1人あたり10万円が支給された特別定額給付金を思い出していただきたい。申請には、窓口＋郵送かオンラインのどちらかを選ぶ。郵送の場合は自治体が事前に必要情報を印字した申請用紙を送付し、マイナンバーカードを用いたオンライン申請では国が用意するマイナポータルのぴったりサービスで受け付けることになった。給付金の支給決定から給付開始まで時間がなく、急ごしらえのシステム開発が進められた。

市区町村が給付金を支給するためには、世帯主情報と住所、氏名、銀行口座といった、私たち1人ひとりの情報が必要だった。市区町村では、住民記録と呼ばれる、住民票を作成するための基礎情報（住所・氏名・性別・生年月日など）を管理している。一方で特別定額給付金のオンライン申請の窓口となったマイナポータルには、市区町村が管理する住民記録情報と連携する機能がなかった。

そのため、申請者はマイナポータルに必要情報を入力して、その情報が1件ずつ市区町村に送付される仕組みとなった。給付業務を行う自治体では、マイナポータルから送付される申請情報の真偽を確かめるために、住民記録情報との突合を行うことになった。自治体職員が休日返上で、2人1組になって目視で突合作業をする様子が度々報道されたことをご記憶の方もいらっしゃるだろう。本来データ連携により、ワンストップでスムーズな給付が望めるはずのオンライン申請といいながら、裏側では人が目視により情報の確かさを確認するという、本末転倒の事態となった。

結果として、あまりの手間にオンライン申請は中止して、郵送受付のみに切り替えた自治体が100を超えた。[*11] 郵送用の申請書に自治体独自の照会番号を記載し、マイナンバーカードではなく、その番号をもってオンライン申請ができるような独自の仕組みを準備した自治体もあった。

全く同じ現象は、2011年の東日本大震災後の自治体業務でも散見された。10年経っても現場の課題は変わっていないということだ。人の手を介さなければオンライン申請が実現できない理由は、必要なデータが連携されていないからだ。日本がデジタルガバメントにおける「文脈化」を実現するには、データ連携の闇を克服しなければならない。

フルーガル概念から構想する、SDGs時代に求められるデジタル活用：変化するニーズに応える情報システム

ローカル情報とパーソナル情報の活用に基づいた、それぞれの地域、個人個人の状況に合わせた情報やサービスを提供するには、状況の変化を前提としたシステムの設計が必要となる。現場のニーズに合わせ、柔軟で機動的にシステムを組み換え、ローカル情報を連携しながらサービスをパーソナライズしていくのが、社会課題に適応しながら進化を続けるSDGs時代の都市の姿だ。

構成要素	考え方
汎用性（Universality）	標準的でオープンなシステム、地域コミュニティや住民が日ごろ使いなれているツールを使うこと
遍在性（Ubiquitous）	いつでもどこでも情報へのアクセスが担保されること
唯一性（Uniqueness）	システム内のデータにユニークな識別子を与え認識すること。単に付番するだけではなく、認識（認証）の仕組みを持つことが大切
一貫性（Unison）	システムやデータベース間のデータの相互互換性を担保すること

表 4・1　機動的な文脈化の実現に必要なフルーガルシステムの構成要素（出典：文献＊12 をもとに作成）

現場のニーズに合わせた柔軟で機動的なシステムを可能とするのが、フルーガルの考え方だ。フルーガルとは、日本語にすると「倹約／質素」や「質実な」となる。最小限の資源で現場のニーズを満たすための情報システムのコンセプトである。事前に想定されるあらゆるニーズや課題に対応しようとして、身体が大きく重たくなったシステムを1つつくるよりも、身軽で小さなシステムをたくさんつくり、必要に応じて組み合わせながら大きなシステム（本書で都市の価値創造システムと呼んでいるもの）を構成する方が、臨機応変に状況に対応できる。フルーガルの考え方は、最小限の資源で小さなシステムをつくっていくコンセプト、別の言い方で表現するならば、他システムとのデータ連携による組み合わせを前提としたデザインの考えだ。

フルーガルなシステムの実現には、①汎用性、②遍在性、③唯一性、④一貫性の4つが重要となる（表4・1）。

特別定額給付金の事例でいうと、特にデータ連携に関わる唯一性と一貫性の担保について、制度の設計主である国と、給付金の支給主体となる自治体との間で共通認識が育まれることなく制度がスタートしたことが混乱を招いた。汎用性と遍在性の考えは、前節でご紹介した共創の3原則における、いつでもどこでもつながるICTインフラにあてはまる。今後、個人や地域の状況に応じた細やかな行政サービスを展開するためには、小さなシステムの考え方と、フルーガルの観点に基づいたデータ連携とシステムの組み合わせが求められる。

以上、本章では、DXのエッセンスを取り入れながら、DXの本質であるプロセスの変革について、デジタルガバメントのデジタイゼーション、デジタルガバメント、デジタルガバナンス、文脈化の観点ごとに解説した。都市に新しい価値をもたらすのは、エンゲージメント／共創と、あなただけのサービスを実現する情報のローカライズとパーソナライズだ。地域や個人を取り巻く状況の多様性を許容し、変化する外部環境に柔軟に応えていくことのできるシステム＝フルーガルな、進化するシステムを構築する。ICTの活用とデータ連携は、システムの進化に欠かせない原動力であると同時に、誰ひとり取り残さないSDGsの理念を達成する重要な鍵となる。

次章では、デジタル活用による街づくりの事例として、日本のスマートシティの取組みをご紹介する。ICTとデータを使いながら、どのように持続可能な街づくりを実現しようとしているのか、本章の内容を頭の片隅に置きながら読み進めていただきたい。

〈注釈・文献〉

1 「デジタルトランスフォーメーションを推進するためのガイドライン」（ＤＸ推進ガイドライン）、経済産業省、２０１８年

2 Janowski, T.（2016）"Implementing Sustainable Development Goals with Digital Government - Aspiration-capacity gap", *Government Information Quarterly* 33（4）, pp.603-613

3 ㈱サイバーエージェント、国際大学グローバル・コミュニケーション・センターの共同研究「デジタルガバメントに関する住民ニーズ調査」より。全国４１２９人を対象としたオンラインアンケート調査（２０２１年2月実施）

4 United Nations, "E-Government Survey 2020", *Digital Government in the Decade of Action for Sustainable Development* https://www.un.org/development/desa/publications/publication/2020-united-nations-e-government-survey

5 Bonsón, E., Perea, D. and Bednárová, M.（2019）"Twitter as a tool for citizen engagement: An empirical study of the Andalusian municipalities", *Government Information Quarterly* 36（3）, pp.480-489

6 Simonofski, A., Asensio, E. S., De Smedt, J. and Snoeck, M.（2019）"Hearing the Voice of Citizens in Smart City Design: The CitiVoice Framework", *Business & Information Systems Engineering* 61（6）, pp.665-678

7 https://docs.decidim.org/en/whitepaper/decidim-a-brief-overview/

8 吉村有司「都市とテクノロジー　第５回：Decidim――デジタルプラットフォームは熟議をもたらすか」新建築online https://japan-architect.co.jp/column/online/tuesday/% E9% 83% BD% E5% B8% 82% E3% 81% A8% E3% 83% 86% E3% 82% AF% E3% 83% 8E% E3% 83% AD% E3% 82% B8% E3% 83% BC5/

9 Sakurai, M., and Sæbø, Ø.（2018）"Online Activities to Mobilize Smart Cities" in *Proceedings of the 51st Hawaii International Conference on System Sciences. Hawaii International Conference on System Sciences*

10 https://www8.cao.go.jp/cstp/society5_0/

11 7月30日までに１１１自治体が中止・停止した（朝日新聞２０２０年8月21日付）

12 Junglas, I. A. and Watson, R. T.（2006）"The U-constructs: Four Information Drives", *Communications of the Association for Information Systems*, 17, pp.2-43

5 日本のSDGs事例にみるDX

アメリカ・サンフランシスコの住宅街から海を臨む。サンフランシスコの街は起伏が激しく、坂道だらけ

本章では、日本を代表する2つのスマートシティ事例をご紹介する。Fujisawa サスティナブル・スマートタウン（Fujisawa SST）は、企業（パナソニック）主導によるゼロからの街づくりの取組みである。トリプルボトムラインの達成を通じ、100年続く街を目指す。2015年から実施してきたパナソニック内担当チームへのヒアリング、Fujisawa SST協議会に参加されている企業、および住民へのインタビューがもとになっている。会津若松スマートシティは、行政が中心となって多様な企業を巻き込みながら市全域でスマートシティに取り組む。人口減少に歯止めをかけ、地域に活力を取り戻すための施策を展開する。2019年8月に、スマートシティアイクト入居企業と会津大学へのインタビューを、2021年1月に会津若松市担当者へのヒアリングを実施した。いずれの例も、より詳細な内容は教育用ケース教材として公開している。[*1]

1 Fujisawa サスティナブル・スマートタウン

"くらし起点"で100年続く街づくり

2008年、神奈川県藤沢市でおよそ50年間操業を続けた松下電器産業（当時）の3つの工場が役目を終えた。19ha（約19万㎡、東京ドーム約4個分）におよぶ広大な工場跡地は、環境にやさしいエコな街に生まれ変わることになった。街の名前は「Fujisawa サスティナブル・スマートタウン」。街が掲げるスロー

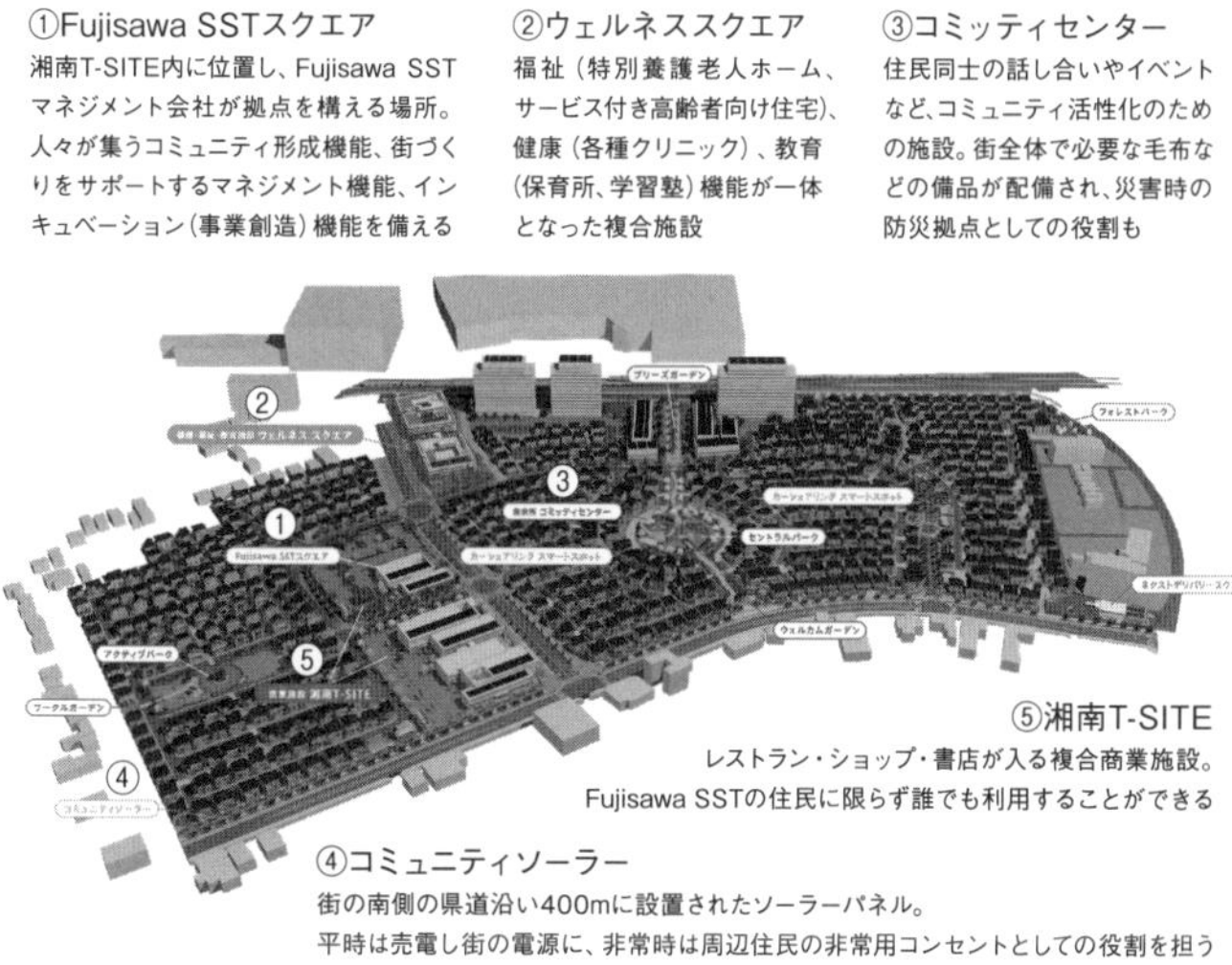
①Fujisawa SSTスクエア
湘南T-SITE内に位置し、Fujisawa SSTマネジメント会社が拠点を構える場所。人々が集うコミュニティ形成機能、街づくりをサポートするマネジメント機能、インキュベーション（事業創造）機能を備える
②ウェルネススクエア
福祉（特別養護老人ホーム、サービス付き高齢者向け住宅）、健康（各種クリニック）、教育（保育所、学習塾）機能が一体となった複合施設
③コミッティセンター
住民同士の話し合いやイベントなど、コミュニティ活性化のための施設。街全体で必要な毛布などの備品が配備され、災害時の防災拠点としての役割も
⑤湘南T-SITE
レストラン・ショップ・書店が入る複合商業施設。Fujisawa SSTの住民に限らず誰でも利用することができる
④コミュニティソーラー
街の南側の県道沿い400mに設置されたソーラーパネル。平時は売電し街の電源に、非常時は周辺住民の非常用コンセントとしての役割を担う

図５・１　街の街区（出典：パナソニック㈱資料をもとに作成）

ガンは、「１００年続く街」。パナソニックが開発した地球環境への負担が小さい各種テクノロジーとその商品群を通じ、様々な人々が居住する空間の提供と環境にやさしいくらしを実現することが、Fujisawa SSTの基本的考えだ。約１０００戸の戸建住宅・集合住宅、及び商業施設などを建設し、計画人口約３０００人という街づくりの基本計画が構想された。街の開発は段階的に行われ、２０１４年に住民を迎えて街びらきをした（図５・１）。計画された全ての街区の完成は、２０２４年以降を予定している。

Fujisawa SSTの企画から一貫して街づくりに関わるパナソニックの前身である松下電器産業は、電灯プラグを創業製品とし、その後も人々の暮らしに一番近い家電製品の提供を通じて人々の生活を便利に、生活の質の向上に貢献してきた。２０１８年に創業１００年を迎えた歴史において、新しい生活スタイルを世の中に提案し続けてきた。この観点から、Fujisawa SST

の開発チームの中には、パナソニックらしい、新しいライフスタイルや価値を提案する街にしたい、との思いがあった。

パナソニックの強みは、人々の暮らし起点で街づくりを考えられることだ。今の時代の最先端、そして未来につながるライフスタイルや価値の提案を通じて、街がこれから100年の長きに渡り発展していく、育っていくものにすることがパナソニックらしさであるとの認識のもと、街の名前に〝サステイナビリティ〟が冠されることになった。

クリエイティブなイノベーションを街から

100年続く街を掲げたFujisawa SSTのタウンコンセプトは、「生きるエネルギーがうまれる街」。Fujisawa SSTで人々が安心・安全に健康的な暮らしを送り、つながりあうことで得られる活力と、これらの生活を実現するうえで欠かすことのできない実質的な動力源としてのエネルギーの両方を指している。

街づくり事業の多くは、コンセプトの次にインフラや技術の導入が議論される。Fujisawa SSTでは、生活者視点を重視しているため、企画段階ではまずFujisawa SSTが提供する新しいライフスタイルの提案とその実現のために必要な空間設計を、そして最後に必要なインフラや技術について議論した。暮らしを中心とした9つのキーワード―住む、食べる、働く、学ぶ、育む、遊ぶ、健康、集う、つながる―が設定され、街の施設のデザインやサービス設計に生かされた（図5・2）。

例えば、「住む」カテゴリでは、家に住むのではなく、街に住む、をテーマとして、街全体でエネルギー

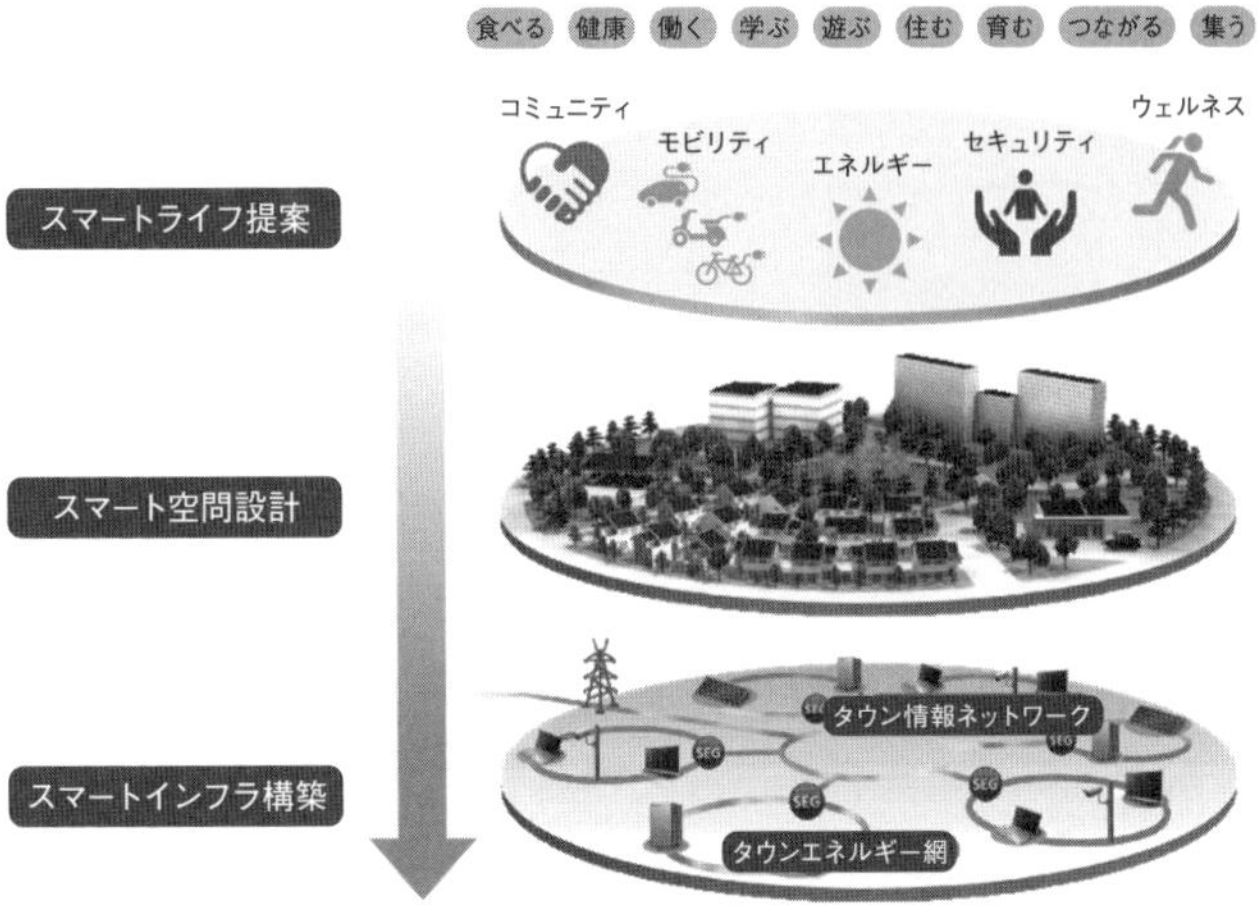

図5・2　街の設計モデル（提供：パナソニック㈱）

マネジメントを行うことや、車を持たないライフスタイル（街全体で車をシェアするカーシェアサービスの提供）の提案、街全体で災害用備品の備蓄を進めていくことなどを宣言。「学ぶ」カテゴリでは、電子掲示板を使って住民同士が教えあい学ぶ活動が自発的に育まれる街の様子が描かれた。

こうしたライフスタイルを通して、CO_2排出量1990年比70％削減、生活用水30％削減（2006年比・同等設備利用時）、再生可能エネルギー利用率30％、非常用電力などのライフライン3日間確保という街の具体的な数値目標を設定した。

「生きるエネルギーがうまれる街」のコンセプトを実現し、具体的な数値目標を達成するために、Fujisawa SSTでは、エネルギー、セキュリティ、モビリティ、ウェルネス、コミュニティの5つの分野でサービスが展開されている。

●**エネルギー**：Fujisawa SSTの戸建て住宅には、太陽光発電、リチウムイオン蓄電池、両者の連携を促す創蓄連携システ

図5・3　Fujisawa SSTの戸建て住宅（提供：パナソニック㈱）

ムが取り付けられて、住宅で使用される電気の30％以上を太陽光発電から賄っている（図5・3）。戸建て住宅CO_2プラスマイナスゼロと創エネ・蓄エネ・省エネを実現することが目的だ。発電所から送電する場合に比べ、排熱・送電時に失われるエネルギーが少ないため、エネルギーを有効利用することができ、創エネと蓄エネによるエネルギーの自給自足をサポートする。都市ガスによる発電・給湯を行う家庭用燃料電池エネファーム付の住宅も用意された。

家庭内で最もエネルギー利用の高いエアコン、冷蔵庫、照明には、省エネ家電が備えつけられた。住宅内をスマートHEMS（Home Energy Management Systems）が管理し見える化。住民入居後は住民がライフスタイル、家族構成を登録したうえで、スマートHEMSにより収集された各住宅のエネルギーデータがカルテ化される。入居後2年間は、他の世帯との比較ができるエコライフ・レコメンドレポートも提供される。

災害時の備えとして、戸建て住宅内で3日間滞留が可能なライフラインを確保する。昼間に発電した電気を蓄電し、非常時にはバックアップとして生活の継続に必要な最低限の機器に使用される。停電時も、一定期間は住宅や街から灯りが消えることはないため、住民の安心感につながっている。エネファーム付住宅では、停電時も機器内の貯湯タンクに蓄えられたお湯が給湯できる。街の南側にある下水道用地にはコミュニティソーラーパネルが設置され、街の共有施設へ送電されている。災害時には、地域住民に電源を開放する。

●**セキュリティ**：Fujisawa SSTに入居した住民の満足度は総じて高い。満足度の高さを支えているのは、日常生活で「安心・安全」を強く感じられるからだ。前述した非常時のライフライン（電力）確保も安心・安全の実現に大きく貢献している。

もう1つの要素として、バーチャルゲーテッドタウンという考え方に基づき設計された人の導線と、見守りカメラの導入がある。街の中と外を壁や網などで物理的に分ける方法は、セキュリティを守る方法として海外では一般的だ（ゲーテッドタウンと呼ばれる）。Fujisawa SSTでは、物理的な壁を設けず、出入口が6か所になるように設計された。LED街路灯と一体型の見守りカメラが、6か所の出入口付近と、共通施設、公園、道路などに計49台設置された。LED街路灯は人感センサーにより人の存在を感知し、人がいないときは減光、人を感知したときはフル点灯する。人の動きにあわせ、導線上に配置された照明が通行人の2～3歩先を照らすようにリレー点灯する仕組みが開発された。一部の見守りカメラは、動く対象に合わせて画角を合わせるように設計された。

住民は、公園内に設置された見守りカメラの画像を、住宅に居ながらタブレット端末などで確認できる。

図５・４　配送サービスの実証実験に使われた小型低速自動走行ロボット（提供：パナソニック㈱）

公園で遊んでいる子どもの姿を確認できることが好評を得ている。

技術に頼るセキュリティだけではなく、人による巡回も実施。昼間は後述するタウンマネジメント会社の社員が、夜間は警備会社の職員が毎日街の中を巡回する。「安心・安全」の観点では、かまどベンチ・非常用トイレ・支援活動用テントを備えた街中の４か所のスペースを、災害時の一時避難場所として利用できるように設計している。

●モビリティ：住民は、電気自動車（リーフ）と電動アシスト付き自転車のシェアサービスが利用できる。サービスの基本料は後述するタウンマネジメントフィーに含まれている。加えて、カーシェアは、利用時間分の料金を支払う仕組みだ。２０２１年１月時点で電気自動車２台とハイブリッド車１台が、街の中央にあるコミッティセンターと東側にあるスマートモビリティスポットにそれぞれ配備されている。電動自転車はおよそ10台。街ではレンタカーサービスも提供され、自動車を保有しなくても車を利用で

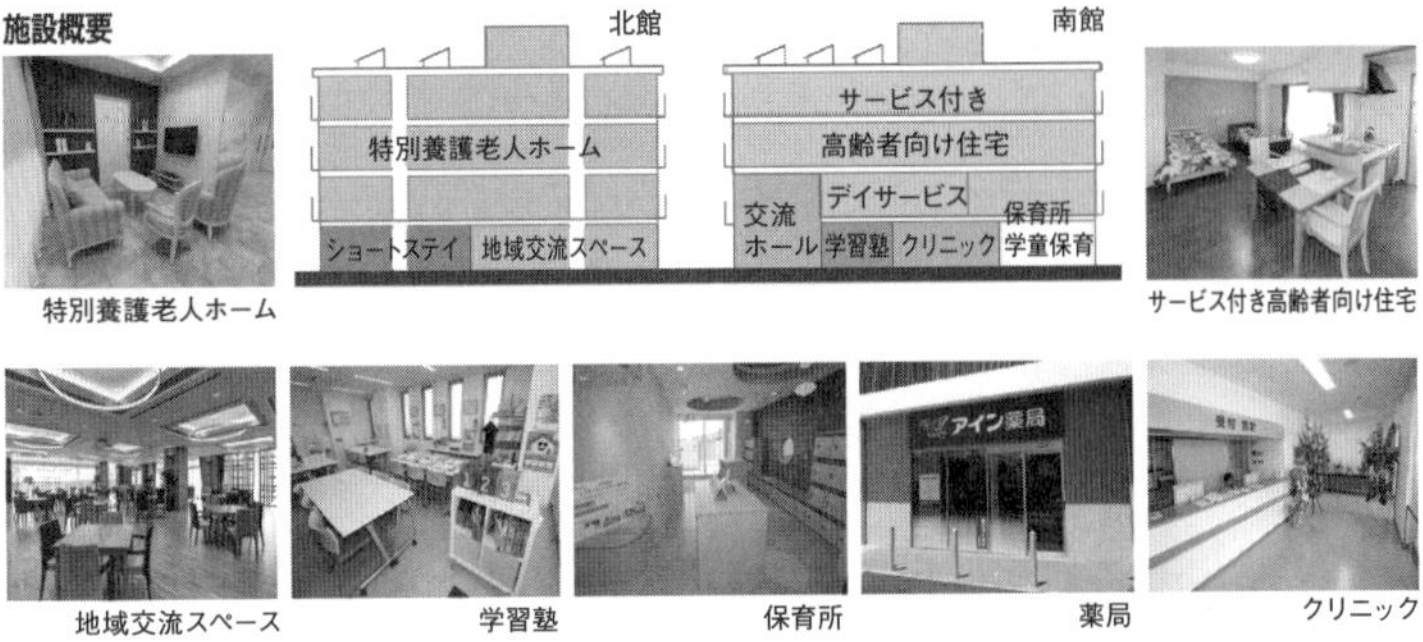

図５・５　ウェルネススクエア施設概要（提供：パナソニック㈱）

きる環境が用意されている。

2020年末には、小型低速ロボットによる配送サービスの実証実験に向けた、自動走行ロボットのFujisawa SST内の公道走行実証が行われた（図5・4）。ウィズコロナのニューノーマルとなった非対面・非接触での宅配サービスの実証を目指す。

●ウェルネス：ウェルネスの分野では、Fujisawa SST版地域包括ケアシステムの実現を掲げている。厚労省の定義では、「地域包括ケアシステム」とは〝高齢者の尊厳の保持と自立生活の支援の目的のもとで、可能な限り住み慣れた地域で、自分らしい暮らしを人生の最期まで続けることができるための、地域の包括的な支援・サービス提供体制〟を指す。Fujisawa SST版地域包括ケアシステムでは、「0歳から100歳を超える高齢者まで、多世代が支えあいながら、安心して暮らし続けられる街づくり」を目指す。街の中央部に位置するウェルネススクエアは、健康・福祉・教育における多世代交流の拠点として設置された（図5・5）。

ウェルネススクエア南館は、日常生活の中で多様な世代が交流するようにデザインされている。4階建ての1階部分には保育園と学習塾、クリニック、薬局が入る。建物入口に設けられたロビーは、地域のイベ

図５・６　ウェルネススクエア南館。外観と交流ホール（提供：パナソニック㈱・㈱学研ココファン）

ントが開催できる交流ホールとして活用されている（図５・６）。２階～４階では、学研ココファンがサービス付き高齢者向け住宅を展開している。ロビーには、保育園に通う子どもたちやその両親、高齢者向け住宅の住居者が集い、多世代が交わる空間デザインとなった。北館には、地元の藤沢市から要望のあった特別養護老人ホームが入った。

１００年続く街のベースとなる共助を育むため、街の住民や施設で働く人を対象として、認知症サポーター育成にも取り組んでいる。

サービス付き高齢者向け住宅では、パナソニックと学研ココファンの協働によるスマートエアコン見守りサービスが提供されている（月額１７００円〈税抜〉／室）。入居者のプライバシーに配慮しながら居室の住空間情報と生活情報を検知するサービスで、エアコンにセンサーを組み合わせ、入居者の動きをキャッチすることで安否確認を行う。センサーは室内の温度や湿度情報も管理する。何か問題が発生したと判断されれば、ウェルネススクウェア１階にあるオフィスで待機しているスタッフに通知が入る仕組みとなっている。入居者の睡眠中の体動、在・不在情報などの生活情報を検知することで、見守り回数の減少、介護スタッフの負担軽減、そして入居者の安全を確保する狙いがある。

●**コミュニティ：**１００年続く街づくりの主役となるのは、住民である。

Fujisawa SSTのプロジェクトチームが重視したのは、街をつくって終わり、の従来型開発事業から、つくった後に街を育て、発展させていくことだった。住民のコミュニティ形成には10年単位の時間がかかると考え、地道に、住民の交流が活発になるような仕掛けを仕込んできた。Fujisawa SSTは工場跡地から街が生まれた、いわゆるグリーンフィールド型とよばれる新しい街であり、もともと住民組織は存在していない。そこで、住民とFujisawa SSTに関わる事業者が参加するFujisawa SSTコミッティーが設立され、自治会組織として街づくりの中核を担うことになった。

Fujisawa SSTが提唱するのは、BCP（事業継続計画）の考え方を街づくりに取り入れた、CCP（コミュニティ継続計画）。街区ごとに住民コミュニティの「班」が36班つくられている。班は、自治会活動を円滑に行うために10〜20戸を1単位として構成される。班は、防災共助グループとしての役割も持ち、防災意識をつけるため実施される防災訓練での安否確認は班ごとに、班長が本部に報告する。防災訓練の参加率は高く、住民の8割以上が参加している。住民コミュニティは、街が掲げる「安心・安全」の実現にも一役買っているのだ。

コミュニティ活動をサポートするため、街に関わる様々なプレイヤーをつなぎ、街の情報やサービスにアクセスできるタウンポータル（電子回覧板）も導入された。ポータルは2020年2月にリニューアルされ、現在2代目となった（図5・7）。事前配布されるIDとパスワードを使ってアクセスする。タウンポータルには、住民や事業者から街に関する投稿情報やお知らせが掲載されるほか、施設・駐車場・カーシェア・レンタカー・電動自転車などの各種サービス予約、藤沢市や地元警察からの防犯情報、見守りカメラ画

図5・7　Fujisawa SSTタウンポータル画面（提供：パナソニック㈱を一部加工）

像をリアルタイムに確認できる。街のCO_2排出量や再生可能エネルギー利用率なども日別に情報が更新される。予約した施設料の支払いは、IDに紐づいた銀行口座から自動的に引き落とされる仕組みだ。

Fujisawa SSTタウンポータルの基盤は、会津若松市で導入されている会津若松+（プラス）がもとになっている。将来的には、情報やサービスのメニュー構造を、住民の関心度に合わせた形でパーソナライズしていくことを目指している。住民1人ひとりの、その人に合った情報、そのとき欲しい情報がトップページに掲示されるイメージだ。

共創をデザインするまちづくり協議会

パナソニックにとってFujisawa SSTの新しさと挑戦は、街を丸ごと、1つのコンセプトに基づき開発し、運営することだった。タウンマネジメントの手法を取り入れながら、従来のビジネスでは設定しない長期の時間軸、「100年続く」を実現する取り組みそのものが新しい。街には住民がいて、1人ひとりの生活がある。パナソニックが「100年続く街づくり」を掲げたとしても、これまで紹介した多様な分野におけるサービスを単独で提供することは不可能である。サービス提供を実現する多業種コンソーシアムが発足したのは、街びらきからさかのぼること3年前の2011年5月だった。設立当初は9社が参画し、2013年4月にはFujisawa SST協議会として組織化された。2020年9月現在、協議会メンバーはパナソニックを含め18団体となった。*2

Fujisawa SST協議会への参加条件は、次の4つである。

①街のコンセプト、ルールを順守すること
②他の参画企業との協業によるFujisawa SSTを起点としたビジネスを創造すること
③将来的な水平展開を目標とすること
④企業ごとの個別条件

例えば、ウェルネス分野で中心的な役割を果たしている学研ココファンは、〝100年〟続く街づくりへの参画を、大きなチャレンジ、かつ貴重な機会と捉えている。通常、自社のみで街づくりに参加する機会はほとんどない。Fujisawa SSTには、協議会メンバーや住民と協働し、軌道修正をしながら街づくりに取り組む環境があるため、協議会への参加を決めた。会社としては、同じ事業が100年続くことを念頭に置くのではなく、その時々に必要なサービスを提供し続けることのできる企業になることを目指している。目の前の課題に対応していくだけではなく、今よりも少し未来の社会を考え、街や人の暮らし、そこに生じる課題を想像しながら常に新しい提案をする、新しい事業を創り出していくことが、Fujisawa SSTの価値となり、ひいては参加する企業の価値をあげていく。

住民と企業との接点をつなぐタウンマネジメント会社

Fujisawa SSTでは、住民は単にサービスの受け手ではなく、街の価値を共に生み出す共創の相手となる。住民とまちづくり協議会の接点を担うために2013年に設立されたのが、Fujisawa SSTマネジメント会社（以後マネジメント会社）である。マネジメント会社は、住民のつながりづくりに欠かせないイベントやお祭りの企画・運営を担ったり、協議会内外の企業が新しいサービスの実証を行う際の窓口となって告知活動をする。イベント企画で大きなものは、2016年から始まった街の文化祭だ。これは、もともとコミッティセンターで自主的に行われていた住民サークルの発表の場として、マネジメント会社が中心となって始めたもの。最初はステージ披露がメインで、参加者もサークルのメンバー中心であったものが、より多くの人に見てもらおうと2017年開催時には出店を募り、3年目となる2018年には街の外にも広く広報して2848人の来場者を集める地域の一大イベントに発展した。2019年は、およそ4400人が参加した。

マネジメント会社は2部4チーム構成で、主に住民との接点を担う「タウンサービス部」にコミュニティサービスチーム（住民窓口）とスクエア・綱島SST運営チーム（Fujisawa SSTスクエア内のマネジメント会社賃貸スペースの管理や運営、外部との連携窓口やタウンツアーを開催）が、「プラットフォームサービス部」に、システムサービスチーム（街のシステム運営や企業のタウン内での実証支援）と経営管理チーム（総務・経理関係）がある。主にコミュニティサービスチームのメンバーが、Fujisawa SSTのくらしのキーワード（住む、食べる、働く、育む、学ぶ、遊ぶ、健康、集う、つながる）に沿う形で、日々、多様な世代が楽しめるようなイベントコンテンツを考えている。各種イベントの進捗報告と街のこれからについて、週に一度社内で開かれるまち親会議で議論する。住民が発案し、タウンマネジメント会社が受け皿となって街の恒例行事となったイベントもある（ハロウィーンイベント）。

Fujisawa SSTに住む住民は、Fujisawa SSTの価値を、マネジメント会社を中核とした〝街のマネジメントの仕組み〟だと表現する。「タウンマネジメント会社をつくって管理して、ある程度住民のことも分かっていて、（イベントなどの）案内もタウンポータルを使ってスムーズにできるし、治安も結構いい。こういう街って、ほかにどんどん出てくるのかなと思ったが、5年、6年たってもなかなか出てこない」「ニュータウン開発の失敗を踏まず、100年続く街を、企業と住民の共創でつくろうとする試みがFujisawa SSTのいいところ」「外から新しいものを取り入れて、街が進化していく。安全・安心含め、みんなが住み良い街につながっていく。それだけの敷地もあるし、それだけの企業が参加している。日ごろ住民が協議会の企業と絡むことは少ないが、マネジメント会社が介在してくれるのがこの街の建付けで、そうあるべきだと思っている」。

従来の商品の大量生産・大量販売ビジネスモデルから、住民との関係性をつなぐ新たなビジネスモデルへ

パナソニックは、高い技術力を生かした家電などの販売を主な生業とする。Fujisawa SSTで挑戦するのは、商品の売り切りではなく、100年というロングスパンで街の成長と進化をマネジメントする新しい領域だ。スマート住宅・家電を活用した街まるごと開発事業だけではなく、その後のタウンマネジメント事業、

設備更新需要などで継続的な売り上げを見込む。新しい領域に臨むにあたり生み出したのが、タウンサービスの考え方だった。

Fujisawa SSTの住民は、毎月1万円強のタウンマネジメントフィーを支払う仕組みとなっている。これには、自治会運営管理費、共有施設の維持管理・修繕積立金に加え、街で提供するサービスの共用管理基本料が含まれる。マンションなどの集合住宅では、共有スペースなどの管理費や修繕積立金を管理主に支払う仕組みは存在するが、街の開発事業者が、戸建て住宅の住民に対して毎月の管理費を負担してもらう例は過去になかった。先に紹介したレンタカーなどのサービス利用時には、タウンマネジメントフィーに含まれる基本使用料のほか、都度料金がかかる。基本的な考え方は街単位でのサブスクリプションモデルに近い。

Fujisawa SSTは、立地的にはやや不便（最寄りの鉄道の駅までおよそ2・5㎞で、徒歩だと30分程度。住民はバスか車、自転車でアクセスする）な場所であり、物件価格も周辺相場より高い（第1期販売時の価格は5020～6490万円。広さは約125～150㎡）ものの、結果的に子育て世代が多く入居した。その理由の多くは「安心・安全」だ。子どもを安心して育てられること、街のセキュリティが充実していること、などが住宅購入理由の上位を占めた。省エネを目指した住宅の性能だけではなく、街のコンセプトや街のサービス、ひいては街のマネジメントの仕組みそのものがFujisawa SSTの魅力となっている。

タウンマネジメント事業の観点からは、住民からのタウンマネジメントフィーに加え、街の視察ツアーや、企業の実証事業のプロデュースが収益の柱となっている。

エンゲージメントを高めるオンラインプラットフォーム

Fujisawa SSTで展開されるサービス群は、いずれもデジタル技術を活用しながら住民とのエンゲージメントを高めようとしている。

エネルギー分野では、HEMSが集計した各家庭の月ごとのCO$_2$消費量をもとに、街が目指すCO$_2$プラスマイナスゼロを達成するために日常生活でどのような工夫をするのが良いのかについて、エコライフ・レコメンドレポート（通称エコレコ）を各住居に届けている（入居後2年間のみ）。このエコレコが、住民のエコ意識を高め、行動変容に一役買っている。ある住人は、次のように語る。

「日常生活の中で、家の中の電気やガスの流れがリアルタイムで分かる。引っ越す前の住宅とは全く違う。これまでは、エネルギー消費が見える化されていなかったため、特段意識せずに使っていた。今は毎日見て、〝今はソーラーから買っている〟〝今はこんなに電力を使っている〟〝掃除機と洗濯機を同時に使うとこんなに消費電力が増えるんだ〟といったことが見えてきて、意識することが当たり前になってきている」。

Fujisawa SSTに暮らす前は、電気をはじめとする公共料金を細かく意識したことはなかったが、街に暮らすようになり日々の積み重ねが地球環境に直結することを教えられた、という。

ウェルネス分野では、構想段階ではあるが、住民のヘルスレコードを一元化してシームレスなヘルスケアサービス提供を実現することが、Fujisawa SST版地域包括ケアシステムの目指すところである。

タウンポータルも、住民と街とのエンゲージメント強化の役割がある。「みんなの掲示板・サークル」に

図5・8　IoT宅配ボックス（提供：パナソニック㈱）

は、住民が近隣の保育園の入園情報を投稿したり、住民が自発的に始めたサークル活動に関する情報が投稿されている。タウンポータルは将来的に、パーソナライズされた街のサービスの入り口になるだけではなく、住民同士の助け合いのプラットフォームになることを目指している。

サービスのパーソナライズ

サービスのパーソナライズに関しては、様々な実証実験が行われている。先にご紹介した小型低速ロボットによる配送サービスの実証実験のほかに、2018年4月には、NTTドコモ、Fujisawa SST協議会、ヤマト運輸、パナソニック システムソリューションズジャパンの協働による「IoTによる宅配ボックス向けサービス」の実証実験が行われた。ヤマト運輸は、街の東側にあるネクストデリバリースクエアを拠点として、街への宅配荷物・街からの集荷荷物を一括管理している（荷物はトラックを使わず、電動アシスト自転車とリアカーで運ぶ)。この実証実験では、LTE-Mという、送受信に用いる通信帯域幅が制限された省電力・バッテリー駆動の通信ネットワークが備え付けられた宅配ボックスが開発された(図5・8)。

宅配ボックスは、スタンドアロンで稼働するため、電力線や通信線が敷設しにくい戸建住宅の玄関先に設置できる。荷物を出すときは、宅配ボックスに荷物を入れてボタンを押すと、ヤマト運輸が運営するFujisawa SST内のデリバリースクエアに通知が届き、集荷依頼が完了する。荷物の受け取りも同様の手順で、宅配ボックスに荷物が届くと住民にメールで荷物到着のお知らせが届く。実証実験では、集荷の際に発生する料金収受はマネジメント会社が別途担当した。

デジタル活用でトリプルボトムライン達成を加速

Fujisawa SSTの取組みは、トリプルボトムラインの3側面を満たしている(図5・9)。タウンマネジメントの手法を生み出し、街の運営の経済的な持続性を可能とするための収益の柱が確立しつつある。環境持続性は、街が掲げる各住戸 CO_2 プラスマイナスゼロといった数値目標を達成するためのHEMSや、電気自動車、電動自転車のシェアサービスの提供、非対面・非接触宅配を目指したIoT宅配ボックスを使った実証実験、小型低速ロボットによる配送サービスの実証実験などが後押しする。MaaS(複数の交通手段をIT活用によりシームレスにつなげる移動サービス)など次世代の技術を活用したサービスの実証計画も検討している。さらには、コミュニティや安心・安全の観点から、住民と街、あるいは住民同士のエンゲー

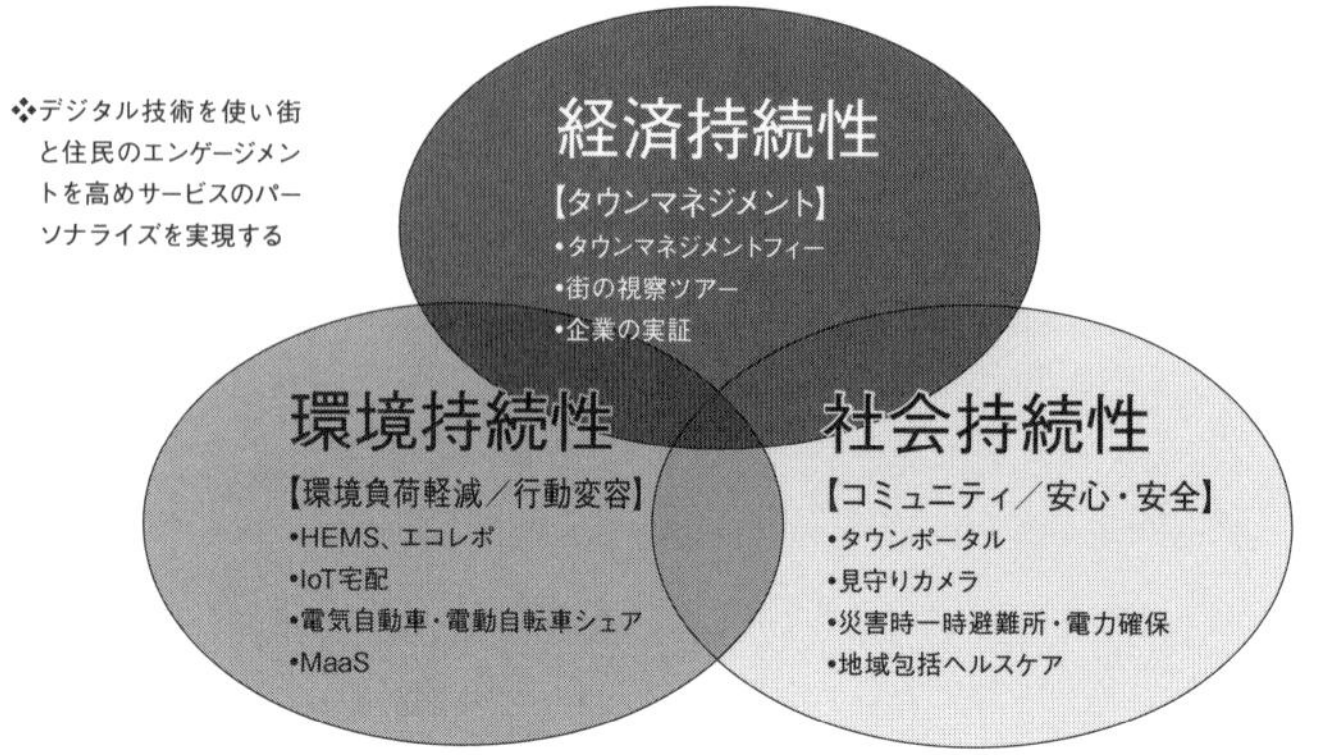

図５・９　Fujisawa SST の取組みとトリプルボトムライン

ジメントを高めるタウンポータルや、災害時に３日間停電しても最低限の生活機能が維持できるシステムが社会持続性を高める。

４章で、デジタル活用が価値を生み出すのはエンゲージメントと文脈化（パーソナライズ）だと説明した。タウンポータルはエンゲージメントとパーソナライズ双方の役割を担う。IoT宅配ボックスや小型低速ロボットによる配送サービスの実証は、パーソナライズされた安心な宅配サービスを将来ビジョンとし、同時に省エネを実現することで環境持続性にアプローチしようとしている。地域包括ケアシステムも、将来的にはパーソナルヘルスデータを活用したパーソナライズサービスとして構想されている。

サービスのパーソナライズ実現のためには、住民１人ひとりの生活に関する情報（パーソナル情報、購買情報、志向の把握、ヘルスデータ、移動情報など）をローカル情報（街の施設の情報、店舗・施設混雑状況、道路渋滞情報など）と組み合わせて活用する必要がある。パーソナルデータを〝誰に〟〝どのように〟〝どのような目的で〟提供しても良いと考えるのか、住民１人ひとりの考え方が異なる中で、今後、街としてコンセンサスをつくっていく必要がある。平行して、街が保有するローカル情報の活用についての戦略も考えなければならない。Fujisawa SSTでは、データ活用に関する住民との対話が始まっている。

2　会津若松スマートシティ

伝統工芸や歴史、文化を残しながら市民の生活をより豊かに

福島県の会津若松市は、北に磐梯山、東に猪苗代湖を望む豊かな自然に囲まれた会津地域の中心都市だ。市内には1993年に開学したコンピュータ理工学専門の会津大学があり、国際色豊かな研究都市でもある。会津若松市は、東日本大震災および福島第一原子力発電所事故からの復興対策を中心とした「地域活力の再生に向けた取組み」を2012年1月に発表した。1年後の2013年2月には、ICTを活用した新しい医療や観光事業への取組み、会津大学を中心としたICT産業のさらなる集積と、ICTを活用した新たな産業の創出を「スマートシティ会津若松」構想として打ち出した。

会津若松市のスマートシティ構想は、地域活力の向上（地域経済活性化）、市民生活の利便性向上（安心・快適なまちづくり）、市民との情報共有の促進（まちの見える化）の3つの方向性を掲げる。会津若松の伝統工芸や歴史、文化を残しながら市民の生活をより便利に、そして外部から人を呼び込むための様々な取組

みが実行されてきた。
会津若松市が「地域活力の再生に向けた取組み」を策定していた2011年末には、東日本大震災後に会津若松市内にイノベーションセンターを設けたアクセンチュアが中心となり、一極集中から機能分散、テレワーク推進、予防医療充実などを掲げた会津復興8策（のちに会津復興・創生8策）が発表された。[*3]
2012年5月には、産官学連携の母体として、「会津若松スマートシティ推進協議会（現・会津地域スマートシティ推進協議会）」が発足した。会津若松市を事務局とする任意団体で、会津大学と地元企業が名を連ねた。[*4]

若者の流出を止め、新生会津若松へ

会津若松市のスマートシティの取組みの背景には、東日本大震災からの復興に加えて、人口減少や若者の域外流出という強い危機感がある。2015年4月に会津若松市で策定された「まち・ひと・しごと創生総合戦略と人口ビジョン」では、〝長期的に10万人程度の安定人口の実現による地域の活力維持〟を大目標として、①合計特殊出生率を2040年までに2.2に上昇、②2030年をめどに社会動態プラスマイナスゼロを実現、③会津大学や観光を核とした交流人口の増加――の3つの重点ポイントを設定した。会津若松市の人口は1995年の13万7000人をピークに減少が続いている。人口ビジョンが策定された2015年時点で、2008年からの人口減少率は5%、生産年齢人口の減少率は9%、市の産業の大半を占めた製造業、特に電子部品の出荷額は約6割も落ち込んでいた。[*5]

このような人口動態が続くと仮定すると、２０３５年には人口が10万人を割り込み、２０６０年には６万５０００人程度、65歳以上の人口割合が４割にのぼるという試算があった。[*6] ２０１５年の人口減少の内訳は、自然動態で６００人、社会動態で４００人程度であった。社会動態では、会津若松で育った若者が20〜24歳の間で市外転出をする数が全体の７割程度を占めた。会津大学では、情報化に向かう時代の流れを受けて、入学志願者が増えている。入学生の６割を県外から迎える一方で、卒業生の８割を県外に排出する人材流出が起こっている。会津大学の卒業生が会津地域に残りたくとも、より良い条件の仕事を求めると県外の仕事を選ぶほかないという現状がある。

これらの状況を踏まえ、会津若松市内における魅力的なしごとづくり、就職先の創出が急務と考えられることから、スマートシティ会津若松は地域活力の向上（地域経済活性化）を第一の目標に掲げた。市民生活につながる多様な分野において、ＩＣＴを活用する産業の創出、さらには新たな産業の担い手となる人材育成を担うことが重要なゴールとなった。２０１４年５月には、会津若松市・アクセンチュア・会津大学が提案する「ビッグデータ戦略活用のためのアナリティクス拠点集積事業」が、内閣官房が進める地方創生事業の地域活性化モデルケース33件のうちの１つに選ばれた（地域産業の成長・雇用の維持創出・産業集積活用型）。

会津で教育を受けた若者が長く会津若松に住み、ＩＣＴの活用により利便性の高い行政サービスを受け、安心・安全で快適なまちづくりを目指すのが会津若松市のスマートシティであり、持続可能な地域社会「新生会津若松」[*7]の重要な原動力として期待されている。

(1) 省エネルギー・再生可能エネルギー関連事業	(5) 次世代人材育成事業
(2) 住民と行政とのコミュニケーションを強化する事業	(6) 新たな雇用促進事業（企業誘致・サテライトオフィス運営など）
(3) 観光客を拡大させるためのインバウンド戦略事業	(7) 地域 ICTベンチャーの振興に関わる事業
(4) 予防医療（ヘルスケア）推進事業	(8) IoT 関連事業
	(9) その他本会の目的を達成するために必要な事業

図５・10　会津地域スマートシティ推進協議会の事業（出典：会津地域スマートシティ推進協議会規約第４条）

様々な協議会が事業を展開

会津地域スマートシティ推進協議会は、「会津地域を中心として、ＩＣＴなどの活用により、地方行政が抱える課題を解決する地方発のスマートシティモデルを産官学金労言が一体となって構築する」ことを目的としている。金労言とは、金融機関、労働団体、メディアを指す。協議会では、会員各社から提案されるプロジェクトの審議を行う。具体的な事業を行う際の資金は、事業実施者が負担するか、国の補助金などの活用を想定しているため、会員の会費は発生せず、協議会としての資産も有さない。推進すべきプロジェクトを決定する際に、公益性の観点から意思決定にあたる点が特徴である。後でご紹介する、２０１２年実施のエネルギー見える化プロジェクトにおけるクラウドの整備・運用や、２０１５年にローンチしたコミュニケーションポータル・会津若松＋（プラス）の運用を担っている（図５・10）。

会津若松市内には様々なテーマによる協議会が複数設置されていて、例えばMaaSの推進の中心には、「会津Samurai MaaSプロジェクト協議会」[*8]がある。修学旅行生も多く会津地域の一大観光地でもある会津若松市では、観光客の基本的な情報が事業者間で共有できていないことが課題となっていた。一時的に利用者が増えてバスが満席になってしまうこともある。リアルタイムできめ細やかな情報共有により対応できることも多いが、観光インフォメーションセンターへの問い合わせ内容はリアルタイムで共有されていないため、観光客の移動履歴や滞在時間などを分析・共有して地域観光の活性化につなげたい考え。観光特化型のMaaSの仕組みを構築し、将来的に地域全体の交通課題へのアプローチを目指す。

①他地域MaaSとの連携、②コロナ禍などにおけるリアルタイムな情報反映（運休・混雑など）、③店舗などとの連携強化、④店舗利用需要創出のためのチケット発券——などを可能とするデータ連携システムを構築し、観光MaaS（大内宿観光、会津まちなか観光、会津広域観光、タクシーデリバリー）と生活MaaS（高校通学MaaS、まちなかコミュニティMaaS、通勤ＡＩオンデマンド実証）の各プロジェクトを順次展開する。２０１９年に国交省東北運輸局の新モビリティサービス推進事業に、２０２０年には日本版MaaS推進・支援事業に選定された。

アメーバ的なつながりにより街のデジタル化が進（深）化

会津若松市のスマートシティの特徴は、推進主体がそれぞれ〝アメーバ的〟に、ヒエラルキーの形をとらずに同じ目標（スマートシティの推進）のもとに集まり、〝分散型〟でプロジェクトを進行していることだ。キーマンの１人、藤井靖史氏（現・西会津町ＣＤＯ）は、会津若松のエコシステムを次のように語る。

「各プレイヤーが主体性を持つことがとても重要。スマートシティの文脈でも、市役所や大学、事業者の立場であっても、それぞれの立場で異なる意見があって然るべき。協働可能なところは一緒に取り組み、そ

図5・11　スマートシティアイクト外観（提供:会津若松市）

うでないところは個別に取り組むことのできる、多様性が必要。全体のゴールを共有しながら、大きな流れが止まらずに個別事案が進んでいくことが大切で、その観点からはアメーバ的に各プレイヤーがつながり、分散的にゴールに向かっていく形が見えてきているところが、会津若松のスマートシティプロジェクトの面白いところ」。

２０１９年には、２０１１年来会津若松市が掲げてきた「地域活力の向上」を具現化するＩＣＴ関連企業の集積地として、スマートシティアイクトが完成した。ＪＴ会津営業所跡地の約１万㎡の敷地に、３階建てのオフィス棟と平屋建ての交流棟、駐車場・駐輪場を構える（図５・11）。交流棟はカフェも備え、週末は駐車場・駐輪場を市民に開放するなど、市民交流にも活用できる。オフィス棟には、地元企業と全国展開の大手企業が揃って入居する。[*9] ある地元企業は、アイクト入居の感想を、「全体的に自由な雰囲気で、アポなしピンポンで隣のオフィスに相談しに行くことができる。大手企業に対して気軽

図5・12　会津若松＋トップページ（2021年1月閲覧）
（https://aizuwakamatsu.mylocal.jp/#mainCategoryMenu）

に相談事や協働の可能性を議論できる稀有な環境」「（スマートシティ推進のため）市民に使ってもらうキラーコンテンツをつくる必要があるが、何がキラーコンテンツとなるかは、課題に踏み込まないと分からない。地元企業の役割は、ボトムアップで現場の課題やニーズを的確に捉えることで、大手企業とは異なるアプローチ。役割分担ができている」と語る。

パーソナライズしたコミュニケーションデザイン

「市民生活の利便性向上」のため、コミュニケーション基盤の整備にも力を入れている。会津若松＋は、市民とのコミュニケーションの入り口として、2015年12月から会津地域スマートシティ推進協議会が運用主体となり整備されたコミュニケーションプラットフォームだ（図5・12）。エンゲージメントの指標として、会津若松市では、会津若松＋を通した市民とのコミュニケーション率をまずは10％にすることをKPIに定めた。

従来の、誰が閲覧しても同じ情報が並べられ、利用者自ら必要な情報を探さなくてはならない行政のウェブサイトとは異なり、自分に必要な情報が優先的に表示される、パーソナライズな地域ポータルを目指す。会津若松＋のコンテンツは、市役所のウェブサイトに合わせ、「ライフイベント」「暮らし・手続き」「健康・福祉」「商工・農林業」「教育・文化」「市政情報」「震災関連」「防災広報」の8つの領域で構成されている。市のウェブサイトと異なるのは、コンテンツの見え方が、ユーザーの登録情報や閲覧履歴に応じて最適化される点だ。

自分に必要な情報を表示させるために、市民はまずIDを作成して属性や家族構成などの情報を登録し、サイトにログインする。会津若松市でいち早くデジタル化した母子健康手帳や広報誌も、会津若松＋上で提供されている。このほか、LINEのAIチャットボットによる問合せサービスや、市の教育ポータルサイトをスマートフォン向けに改良した「あいづっこ＋」（市内小中学校と各家庭とのコミュニケーションツール）、除雪車のリアルタイム稼働状況を確認できる「除雪車ナビ」といった、多様なサービスが展開されている。

KPIに掲げられたコミュニケーション率は、人口に占める会津若松＋のID登録者数から算出する。2020年10月現在のID登録者数は1万件強で、人口（11万7190人）に占める割合はおよそ9％となっている。市の調査では、会津若松＋の利用は30代で最も多く（25％）、次いで40代（20％）と、子育て世代によく使われている。[*10] 今後、オンライン利用や申請、マイナンバーカードの普及を見据えながら、会津若松＋自体がマイナンバーカードと連携することにより、健診・予防接種情報や健康管理に関するお知らせなど、住民1人ひとりに必要な情報を提供していく構想がある。[*11]

データ活用による生活体験の質向上へ

会津若松が目指すスマートシティは、地域にお金が落ち、社会貢献を実現し、かつ市民にもメリットが生まれる〝三方よし〟の地域モデル。三方よし実現のために必要不可欠なのがデータである。会津若松では、参加する事業者の共通認識として次の2点を定める。

①事業者がデータを囲い込むモデルではなく、市民の承諾を得て収集したデータを、市の政策や他のサービスにオープンに使っていくことを前提とする

②市民参加実現のため、市民にとって利便性の高いサービスを創出し、市民の行動変容を促すデータ利活用を実践する

①では、例えば、地元スーパーが周辺の人口動態を把握するためには、従来であれば外部からデータを購入する必要があった。市が住民基本台帳の情報を一部オープンデータにすることで、地元スーパーが人口動態とＰＯＳデータを組み合わせて商品ラインナップを決めることができる。結果として、データ購入のコストがなくなり、売り上げの増加が見込め、周辺住民にとって魅力的な商品陳列が可能となる。

国が進めるキャッシュレスの取組みについても、大手企業が加盟店を開拓して決済データと手数料を東京に持っていくモデルではなく、地域独自のキャッシュレスのスキームを構築することで地域にお金とデータが落ちることになる。

②では、ライフデータと呼ばれる、市民の日常生活から生まれるデータの活用に注力している。具体的に

は、スーパーなどでの商品購入の際の決済データ、市民1人ひとりの健康情報を集めたヘルスデータである。例えば、個人の遺伝子情報・健診結果・日々のバイタルデータに基づき、1人ひとりのリスクに沿った保険料の設定が可能となる。これらのライフデータをリアルタイムに収集し、活用することで、GAFAなどの巨大ITプラットフォーマーが収集するビックデータに対抗しうる、地域に根差した〝ディープデータ〟[*12]の価値を生みだそうとしている。

ライフデータ活用の際に重視しているのが、データの活用目的について事前に市民の承諾を得るオプトイン方式の採用である。市民1人ひとりがデータ活用の意図について理解し、結果として各種サービスの恩恵を享受することを目指している。

ライフデータの見える化を促進し利便性を向上

「市民との情報共有の推進（まちの見える化）」では、エネルギーデータから始まり、現在は、医療データや決済データの活用を目指して各種実証実験に取り組んでいる。2020年末には、「市民生活の利便性向上」につながる行政手続きのオンライン申請書作成支援サービスが始まった。

●**消費電力の見える化プロジェクト**：総務省の2011年補正予算による実証事業「スマートグリッド通信インタフェース導入事業」の採択を受け、2012年にエネルギー見える化プロジェクトが実施された。会津若松市内の一般家庭100世帯に日々の消費電力を計測する装置（HEMS）を設置して、市民が消費電力をリアルタイムに確認できるようになった。消費電力が具体的な数値に可視化されることで、1人ひとりの行動変容を喚起することができる。結果として、市民は電気代を節約できる。

このプロジェクトでは、消費電力の可視化による市民の行動変容に加え、複数メーカーのＨＥＭＳからのデータを扱った点がユニークであった。実証事業の対象となった１００世帯全体のデータを可視化するためには、従来であれば、1社のメーカーによるＨＥＭＳを採用する必要がある。別々のＨＥＭＳメーカーがデータを集めた後に全体を集計すると、データの可視化にリアルタイム性がなくなってしまうためだ。

異なるメーカーのＨＥＭＳからでも、全体の数値をリアルタイムで確認するために、会津若松市とアクセンチュアが中心となりデータ連携用のＡＰＩ（アプリケーション間の連携窓口のようなもの）を公開し、各メーカーがこのＡＰＩを使うことにした。各世帯のＨＥＭＳデータは、会津地域スマートシティ推進協議会が整備したクラウド上に集められた。結果、消費電力を前年比27％も削減した家庭もあった。

その後も対象家庭を増やし、経済産業省の「大規模ＨＥＭＳ情報基盤整備事業」を受け（２０１４～２０１５年度）、会津地域スマートシティ推進協議会が主体となって「会津地域の電力の見える化」としてサービスが提供された。民間の電力供給事業者がスマートメーターに移行していること、ＨＥＭＳの無料サービスを提供していることから、電力見える化サービスは２０１８年に終了した。

●IoTを活用しパーソナルヘルスレコードの確立を目指す：２０１６年には、ライフデータの代表格にあげられる医療データを活用するIoTヘルスケアプラットフォームプロジェクトが始まった。プロジェクトは、ウェアラブルデバイスやスマートフォンのアプリなどから収集した市民の健康に関するデータを活用して病気を予防したり、日ごろの健康維持につなげる狙いがある。１００人の市民がモニターとして、腕につけるバンド状のウェアラブルデバイスを使った実証実験に参加した。ウェアラブルデバイスは会津若松市が配布した。日々のバイタルデータを記録し、IoTヘルスケアプラットフォームにデータが蓄積される仕組みだ。

通常、個人の医療データは、日々の健康管理や予防と、病院での検診・治療といった異なるフェーズでバラバラに管理されている。病院が異なればカルテも異なり、自分自身のデータであったとしても容易に一覧することができないのが現状である。こうした縦割りの情報管理を改め、「個人」をベースにした生涯にわたる健康情報を、パーソナルヘルスレコード（PHR）という考え方で一元管理することが大きな目的だ。日々のバイタルデータを含むヘルスレコードを一元管理することで、生活習慣の改善指導や健康への意識向上につながることが期待されている。会津若松市では、先行して母子健康手帳がデジタル化されている。この取り組みを皮切りに、病院間のデータ連携により市民1人ひとりのマイカルテを作成する構想がある。

健康情報は究極の個人情報だと考えられるため、IoTヘルスケアプラットフォームへの情報の提供には、事前に本人の承諾を得るオプトイン方式をとっている。プラットフォーム構築やプロジェクト推進のため、会津若松IoTヘルスケアコンソーシアムが組織され、産官学と地元病院が強固に連携している。

● **行政手続きのオンライン申請書作成支援**：2020年12月には、行政手続きのオンライン申請書作成支援サービスが始まった。行政サービスや制度情報を1つのメニュー体系に整理したユニバーサルメニュー（アスコエパートナーズが開発）を用いた実証実験が2020年2月に実施され、その後本運用となった。申請者の本人確認を窓口で行う必要がある行政手続きは、オンラインで全て完結するわけではない。申請書作成支援サービスは、窓口に行くまでのプロセスを少しでも簡潔にすることを目指している。申請書作成支援サービスそのものはデジタルガバメントのプロセス改革にあたるが、行政サービスのメニュー体系を住民1人ひとりのＩＤと掛け合わせることで、最終的には、住民の生活環境に合わせて必要な制度をプッシュ式で知らせることができ、文脈化の考え方に近くなる。

２０２０年２月に行われた実証では、会津若松＋を入り口として、ユーザーＩＤに紐づいた属性情報をもとに、画面上で「あなたの生活を豊かにする行政サービスはこれ」とおすすめするレコメンド機能を開発した。申請書作成支援サービスでは、会津若松＋にある申請書（図５・13）に氏名や住所情報を入力すると、付随して申請が必要な他の申請書情報にも氏名情報などが反映され、何度も氏名や住所を入力する手間を省くことができる。住民は、申請書を印刷して持参するか、来庁時に窓口で印刷する。窓口で本人確認を行ったのち、申請完了となる。申請書作成支援サービスは２０２０年12月末に実運用化され、子育て関連12手続き[*13]の申請書が会津若松＋上で作成可能となった。

氏名などの共通情報の入力が一度で済むという利便性以外に、来庁せずとも申請書の作成ができる、入力漏れをシステム側で確認できる、来庁時に必要な持ち物を申請書作成時に事前確認できるなど、住民にとって様々なメリットがある。将来的には、会津若松＋上で申請が完結するサービスを目指している。

オープンイノベーションを促進するデータプラットフォーム

「まちの見える化」の実現を目指す様々なプレイヤーの協働を促すために、「DATA for CITIZEN」と呼ばれるオープンデータカタログがオンライン展開されている（図５・14）。市民目線で必要なサービス開発

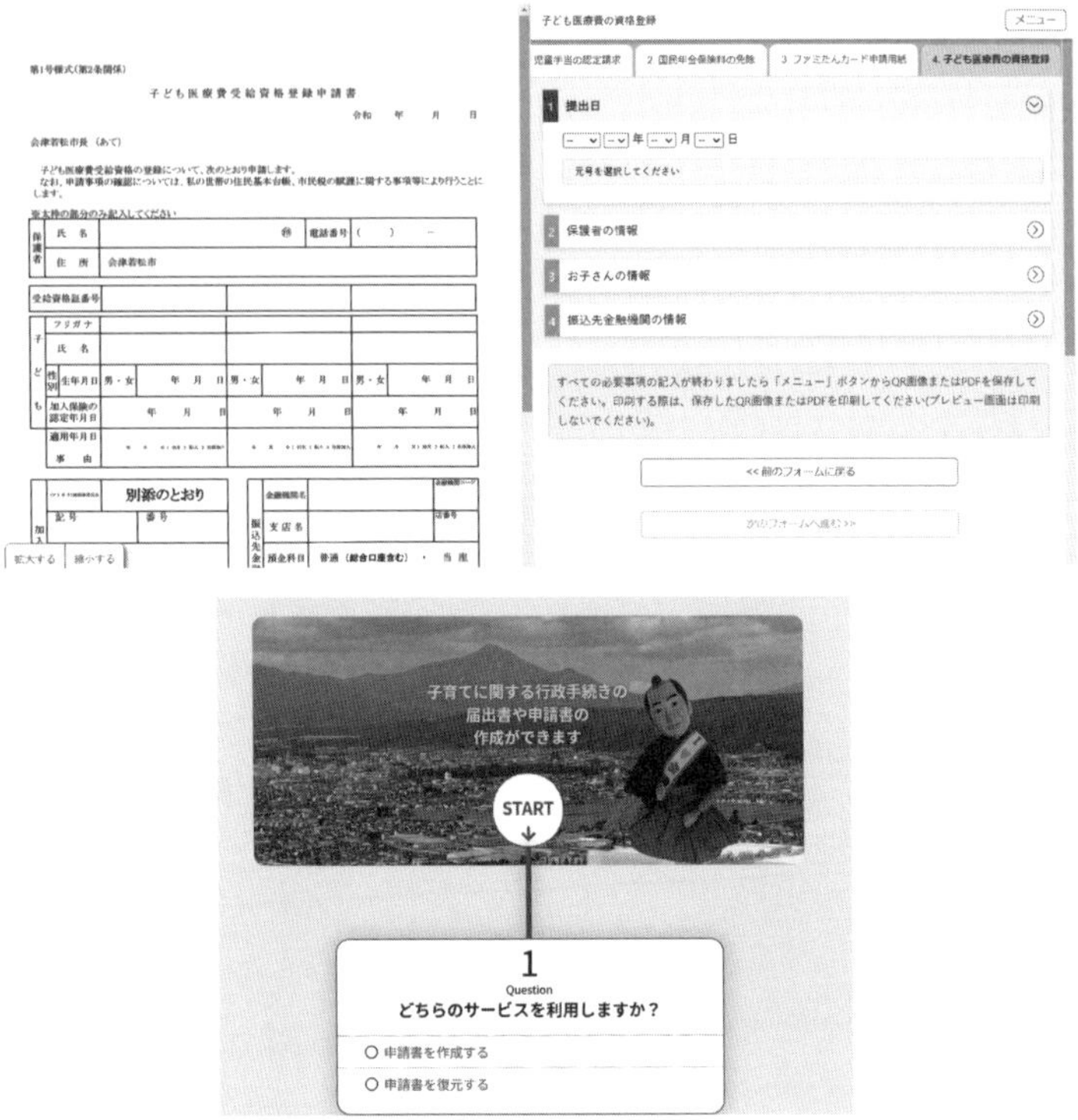

図5・13　会津若松+上での申請書作成画面。上：帳票と入力画面、下：メニュー選択画面
（提供：㈱アスコエパートナーズ）

につなげてもらうべく、主に市役所の各担当課が、保有するデータを2次利用可能な形で公開している。市役所の担当課以外でも、登録の済んだ利用者はオープンデータを登録することができる。公開されたデータは、利用目的が承認されたプロジェクトで活用できる。

2021年1月時点で、公開されているデータセットは318件。住民基本台帳をベースとした「月別の年齢別人口」「市内に居住する外国人の数」や、「市内のイベント情報」「市税に関する家屋・土地調査」などが公開されている。アプリ

図5・14　オープンデータカタログサイト「DATA for CITIZEN」（2021年1月閲覧）
（https://www.data4citizen.jp/dataset）

は、これまで60件近くが登録されている。会津若松市が制作した〝ペコミン〟と呼ばれるアプリでは、市が公開しているオープンデータが地図にプロットされる（図5・15）。アプリをダウンロードした利用者は地図上にコメントを残したり、街歩きに使うことで歩数に応じたポイントをためられる。街を見える化し、毎日を便利にするために、多くの市民にデータを使ってほしいとの市役所の思いが込められたアプリとなった。

市民とのコミュニケーションツールである会津若松+上に、DATA for CITIZENから生まれたアプリが搭載されるなど、市民参加を促すためのツールの相乗効果が期待されている。

2011年3月の東日本大震災から10年が経った。同年から市政を率いてきた室井照平市長のリーダーシップのもと、多くの企業と人を惹きつけ様々なスマートシティプロジェクトが進行し、街の新しい価値を生み出しつつある会津若松市。「スマートシティ」の取組みを知っている市民は6割、名前は聞いたことがある市民は3割を超え、ほぼ全ての市民が、市の推進する〝スマートシティ〟を認知しているという調査結果がある。[*14]

藤井靖史氏は、会津地域の特性を次のように語っている。

「本来、会社には地域の人と対話をしてつながりをつくっていく機能はない。スマートシティの取組みのため多くの企業が会津若松にやってくるのは、対話の機能をカバーできる土台があるからかもしれない。自主性があり、協力的な市民が多く、実証実験では率直な意見を提供してくれる。住民同士、そして我々とも顔が見える関係がある。コミュニティが大きくなりすぎると顔が見える関係を保てない。会津若松はちょうど良い規模感なのかもしれない」。

図5・15　ローカル情報交流アプリ“ペコミン”
（提供：会津若松市）

スマートシティの取組みは常に進化を続ける。常に進化のプロセスにいる、という認識を関係者全員が持ちながら、そのときそのときできることを地道に積み重ねてきた結果が、市民の認知度と、全国からの注目度につながっている。

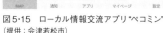

〈注釈・文献〉

1 「Fujisawaサスティナブル・スマートタウン　パナソニックの挑戦〜モノづくりから街づくりへ〜」（２０１５年８月刊）
「Fujisawaサスティナブル・スマートタウン２〜街づくりは〝つくる〟から〝育てる（Co-creation）〟へ」（２０１９年４月刊）
「会津若松スマートシティ〜市民参加によるデータ駆動型スマートシティを目指す」（２０２０年４月刊）
いずれのケースも、ＫＥＩＯケースカタログサイト（https://case-method-sfc-keio.jp/cases/）にて公開

2 代表幹事としてパナソニック㈱、幹事会員として㈱学研ホールディングス／㈱学研ココファンホールディングス、カルチュア・コンビニエンス・クラブ㈱、湖山医療福祉グループ 社会福祉法人カメリア会、㈱電通、東京ガス㈱、パナソニックホームズ㈱、ＮＴＴ東日本㈱、三井住友信託銀行㈱、三井物産㈱、三井不動産㈱／三井不動産レジデンシャル㈱、ヤマト運輸㈱、一般会員として㈱アインファーマシーズ、アクセンチュア㈱、㈱サンオータス、綜合警備保障㈱が参画。このほか、アドバイザリーとして地元の藤沢市や慶應大学など５団体が名を連ねている。

3 会津復興・創生８策の内容
①一極集中から機能分散へ　②少子高齢化対策としてのテレワークの推進　③予防医療の充実のためのＰＨＲ（パーソナルヘルスレコード）　④データに基づく政策決定への移行（オープンデータ・ビッグデータ・アナリティクス）　⑤高付加価値産業誘致と企業支援　⑥観光・農業の戦略的強化とグローバル化対応　⑦再生可能エネルギーへのシフトと省エネの推進　⑧産官学による高度人材育成と、金（金融）・労（労働団体）・言（メディア）の連携

4 会津地域スマートシティ推進協議会会員一覧
代表幹事：一般財団法人　竹田健康財団　事務局長：本田屋本店有限会社　監査：株式会社くつろぎ宿
構成会員：公立大学法人会津大学、会津若松市、㈱ナディス、㈱グリーン発電会津、㈱東邦銀行（会津支店）、㈱ＡＷＨ（会津若松ワシントンホテル）、アクセンチュア㈱、若松ガス㈱、㈱リオン・ドールコーポレーション、富士通㈱、會津アクティベートアソシエーション㈱、日本電気㈱、㈱エヌ・エス・シー、㈱ＪＲ東日本企画、㈱大協プロパン瓦斯商会、ＴＩＳ㈱
（出典：会津若松＋２０２１年１月５日閲覧 https://aizuwakamatsu.mylocal.jp/detail?wid = 44320118&cid = 22534&pf = r）

5 「ＩＣＴオフィス環境整備事業基本計画」会津若松市、２０１６年４月、p.5

6 「まち・ひと・しごと創生総合戦略と人口ビジョン」会津若松市、２０１５年４月、p.2

7 「地域活力の再生に向けた取組み〜ステージⅡ（平成26年度）〜」において東日本大震災から10年の復興期間のその後を見据え「新生会津若松市」と表現されている。

8 構成員は、会津乗合自動車、会津鉄道、東日本旅客鉄道、デザイニウム、日本電気、アルプスアルパイン、三菱商事、会津若松市、福島大学、ＫＣＳ。オブザーバーとしてITS Japan、会津大学、連携団体として会津圏域地域公共交通活性化協議会と日立MaaS協議会が参画

9 ２０２０年10月時点の入居企業は、次の28社
アクセンチュア㈱アクセンチュア・イノベーションセンター福島、ＴＩＳ㈱会津サービスクリエーションセンター、㈱エフコムFCOM・DIGITAL・LAB、㈱デザイニウム、會津アクティベートアソシエーション㈱、日本電気㈱会津イノベーションセンター、㈱アイザック、三菱商事㈱デジタルイノ

ベーションセンター、㈱エヌ・エス・シーＩＣＴソリューション事業部、㈱エムアイメイズＭＡＩＺＥ、㈱イクシング、ソラミツ㈱、㈱ノヴィータ、㈱会津ラボ、三菱ＵＦＪリサーチ&コンサルティング㈱、凸版印刷㈱スマートシティデザインセンター会津、㈱会津コンピュータサイエンス研究所、ＳＡＰジャパン㈱ＳＡＰイノベーションフィールド福島、バンプージャパン㈱、東芝データ㈱会津スマートセンター、ソフトバンク㈱会津若松デジタルトランスフォーメーションセンター、コカ・コーラボトラーズジャパン㈱、セイコーエプソン㈱ＤＸイノベーションラボ会津、㈱オノヤ、ニューラルポケット㈱、オリックス自動車㈱会津イノベーションセンター、日本マイクロソフト㈱、㈱ブリスコラAPI Lab AIZU

10 「会津若松市情報化推進計画（資料編）」会津若松市、２０２０年３月、p.34

11 会津若松+は、２０１７年からゆうびんＩＤ連携により、オンラインでの個人認証（マイナンバーカードを利用した認証、もしくは郵便局員による個人確認による）が可能となっている

12 海老原城一、中村彰二朗「地方創生を加速する都市ＯＳ」インプレス、２０１９年、p.22

13 ２０２０年12月に開始した申請書作成支援サービスの12手続きは次の通り

〈出生時の手続き〉

①児童手当の認定請求　②児童手当の額改定請求・額改定届　③子ども医療費助成の登録申請

④産前産後の国民年金保険料の免除手続き　⑤ファミたんカードの申請　⑥低体重児届

〈児童扶養手当の手続き〉

⑦児童扶養手当認定請求

〈受給中の変更手続き〉

⑧児童手当氏名住所など変更届　⑨児童手当受給事由消滅届　⑩児童手当口座振替依頼書

⑪子ども医療費受給資格内容変更届　⑫子ども医療費受給資格証再交付申請書

14 「会津若松市情報化推進計画（資料編）」会津若松市、２０２０年３月、p.38

6 SDGs時代のスマートな社会デザイン

ノルウェーで働いていた大学では、いいことがあるとみんなでマジパンのケーキでお祝い（ペーパーが通ったり、プロジェクトが採択されたときなど）。とてもアットホーム

1 〝豊かな暮らし〟の実現方法 〜ウェルビーイングと暮らしやすさ（Livable）の達成に向けて〜

世界の都市は何を目指すのか？

本書では、ＳＤＧｓが掲げる17の開発目標の中から、ゴール11「インクルーシブ、安全、レジリエントで持続可能な都市づくり」に代表される街づくりに関する世界の都市戦略と、日本の街づくりとデジタル活用の事例をご紹介した。各都市には様々なバックグラウンドを持つ住民が住み、多様な悩みがあった。注力する課題も解決のアプローチもそれぞれだ。各都市に共通するのは、彼らが目指しているゴール、〝持続可能な都市〟というキーワードだ。

〝持続可能〟を実現するために世界の多くの都市で掲げられた戦略のゴールは、ウェルビーイングと暮らしやすさ（Livable）だった。オックスフォード英英辞典によれば、ウェルビーイングは健康と幸せを指す言葉だ。世界保健機関（ＷＨＯ）憲章の前文は、健康について「肉体的、精神的、そして社会的に、全てが満たされた状態」と説明し、社会的健康を示す言葉としてウェルビーイングを使っている。肉体的、精神的、社会的健康についての先行研究では、精神的苦痛のない状態、社会的交流、余暇、住環境、健康状況、経済的ステータスや労働環境などが重要とされている。[*1] ウェルビーイングとはこれらの要素が万遍なく満たされている状態だと解釈できる。

暮らしやすさ（Livable）は、都市ランキングに使われることが多く、様々な指標化がなされている。例えばイギリスでは、収入、経済的競争、生活費（物価）、住宅費、雇用率、教育、インフラ（ブロードバンドなど）、平均寿命、犯罪率、生活への満足度、創造性、観光の魅力（文化遺産）、祭り、景観、文化・スポーツ施設、飲食店――などの指標に基づいた暮らしやすさランキングが実施されている。[*2] 社会的健康に着目したWHOのウェルビーイングよりも広い分野をカバーしていると言える。

本書でご紹介した都市の多くが、暮らしやすさの要素として「安心・安全」を掲げていたことも印象的である。日本人が考える「理想の暮らし」は、「静かで煩わされない暮らし」「お金の心配の少ない暮らし」「穏やかで充実した老後」「災害や犯罪から守られた安心できる毎日」だ（図6・1）。[*3] 〝安心・安全〟はこれからの街づくりのキーワードになるだろう。

システムモデルによる新しい価値の創造

〝豊かな暮らし〟の実現を支えるのは、進化を続ける「都市の課題解決システム」だ。世界の都市戦略は、社会課題をベースにしている。ただ単に課題を解決するだけではなく、課題を解決しながら新しい街のあり方、街が将来にわたって持続性を保つための方法論を提示していた。課題を解決する過程で新しい街の価値が生まれることから、「課題解決システム」＝「価値創造システム」と捉えたい。1章で触れたとおり、このシステムは自身を〝進化〟させるメカニズムを内包する。

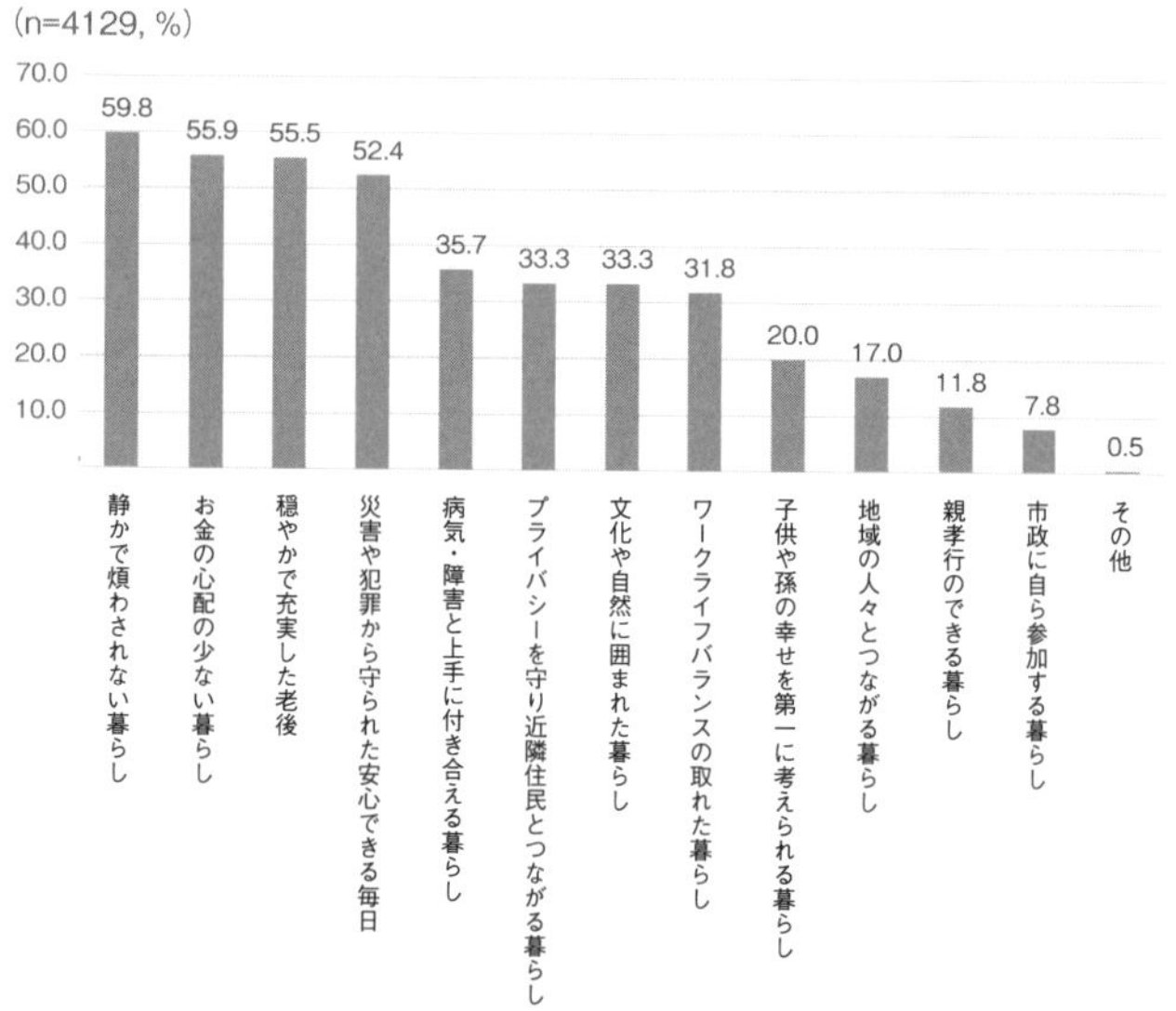

図６・１　日本人が考える理想の暮らし（出典：文献＊3）

システムにはインプットとアウトプットがあり、ルールや構造を持っている。本書でご紹介した都市戦略や街づくりの実践例から、各都市が抱える課題を解決し、未来に向けた価値を創造するシステムには、たくさんのインプットとアウトプットが必要なことが分かる。インプットとアウトプットの構成要素は、経営分野で一般的に広く使われるヒト、モノ、カネ、情報を中心に、水、山、緑などの自然資源や、人間が提供するサービス活動、個々人のスキルや知識、組織が保有する暗黙知、マニュアル、人や組織のつながり（ソーシャルキャピタル）、都市のイメージやブランディングなど、多岐にわたる。

例えば「環境に優しい街づくり」では、自然資源（再エネ利用や河川の治水、水資源の再利用など）をインプットとして、新しい経済（例えば、サーキュラーエコノミー）、人々の新しい活動（例えば、防災活動の強化）、新しい生活様式（省エネなど）をアウトプットしようとする。デジタルマップの作成を通じて住民同士のつながり（ソーシャルキャピタル）や環境意識を醸成する例もあった。

私たちの日常生活を支える要素を抽象化し、都市の価値創造システムがウェルビーイングや暮らしやすさをどのように実現するのか考えることで、都市のダイナミズムを理解し、未来に向かう進化のメカニズムを解き明かしてみたい。

都市の価値創造システムはどのように働くのか？

システムの考え方を用いる際には、システムを構成する要素が特定のルール（約束事）に基づいて結びつくことを念頭に置く必要がある。例えば、交通システムには、列車の運行を定める時刻表と路線図がある。会計システムには会計基準が、教育システムには時間割や各単元で学習すべき目的が存在する。どれも、システムのパフォーマンスを定義づける重要な約束事である。システムの約束事を理解することは、インプットからアウトプットの過程（＝プロセスのこと）で何が行われているのかを知るのに役に立つ。言い換えると、「プロセス」の仕組みを理解することで、自分たちでシステムをデザインすることができる。投入したインプットからアウトプットの過程で課題を解決し、新しい価値を生み出すことができるのだ。

本書で見てきた都市における価値創造の仕組みは、次の５つにまとめることができる（図６・２）。

●知識創造：知識には、私たち１人ひとりが得る知識と、組織として得る知識がある。世界の都市戦略は、１人ひとりの知識レベルを上げることをエンパワーメントと表現した。エンパワーメントの鍵となるのは、

都市の価値創造システムの仕組み	
①知識創造	④ローカル情報の活用
②エンゲージメント／コミュニティカ	⑤パーソナライズ
③サービス創出と提供	

図６・２　都市の価値創造システムを動かす５つの仕組み

教育である。それぞれの都市で、環境問題、社会問題、経済問題の理解を深める教育プログラムが実践されている。暮らしの習慣を改める（水を使い過ぎないようにする、ゴミのリサイクル分別を心掛けるなど）だけではなく、就労につながるスキルを身に付けることも重要な目的となる。海面上昇やゲリラ豪雨といった、気候変動に対応するための個人や地域コミュニティの適応能力を高めることも重要な課題であった。住民を対象とした教育機会の創出に加えて、経済支援やデジタル活用などの新しい政策分野に関する行政職員の教育が提供されていた。

組織の知識レベルを上げるために多くの都市がとっていた方法は、都市間連携の強化だ。類似した社会課題に取り組む他の都市の事例をケーススタディして、教訓や鍵となる仕掛けを学ぶ。組織内部では、リスク評価調査を複数部署で行い、連鎖する社会課題のループを理解し、共有する。外部組織との事業を通じた連携、人事交流やパートナーシップ協定によって、行政内部に新しい風を持ち込むことも実践されていた。２章でご紹介した１００ＲＣプロジェクトは、ＣＲＯ（チーフレジリエンスオフィサー）の任命に始まり、パートナーである外部組織のリソースを活用しながら戦略の策定を支援するものだった。会津若松市では、スマートシティの推進企業が集まる物理的な場所（スマートシティアイクト）が、エコシステムの形成に一役買っていた。クリスチャンサンドやマラッカでは、年に一度、ステークホルダーが集まり最旬のトピックを議論する会議（カンファレンス）を開催している。

●エンゲージメント／コミュニティ力：本書では、エンゲージメントを行政組織と外部組織との関係性を変化させる言葉として用いた。従来情報を受け取るだけだった住民とのコミュニケーションが双方向になる、住民が行政サービスの受け手だけではなくつくり手としての役割を果たす、などが、世界の都市がエンゲージメントを通して目指す世界だった。シドニーでは、「Oneシティ」のスローガンを掲げ、街づくりに関する街全体の一体感を醸成しようとし、富山市では未来共創の取組みを通じてエンゲージメントを高めようとしていた。3章と4章でご紹介した欧州のコミュニケーションプラットフォーム、スペインにおける自治体SNS、イタリアでのオンラインによる政治活動、スペインから世界に広がった政策討議のオンラインプラットフォーム（Decidim）など、エンゲージメントを高める様々なツールが活用されている。

エンゲージメントを行政と住民、多様なステークホルダーとの「近さ」と捉えることもできる。戦略の中で、行政サービスへのアクセス向上（例えば、移動20分圏内に行政窓口を設置）を掲げた都市は多かった。行政施設への物理的な近さだけではなく、政策議論やコミュニケーションの双方向性に参加するには行政と住民との心理的な近さ、そして信頼関係が重要となる。ブリストルではご近所パートナーシッププログラムを実施して近隣住民のつながりと自律心を育成している。

日本においては、住民が住んでいる自治体との「近さ」を感じるのは「地域のイベント（お祭りや、屋外での催し）に参加したとき」であり、「政策の議論に参加したとき」には心理的な近さはほとんど生まれない。[*3] 今後の街づくりにおいては、お祭りやイベントを通じてエンゲージメントを高めることも大切だ。

Fujisawa SSTでは、コミュニティ力向上の手段として、BCP（事業継続計画）ではなく、CCP（コミュニティ継続計画）を実践し、祭りなど季節イベントの企画・準備をマネジメント会社と住民が共に行っている。

●サービス創出と提供：新たなサービスを創出することで、人々の暮らしを豊かにし、社会問題を解決する。グリーン産業（水資源、森林資源、農業資源を活用した新たな産業）やごみゼロを目指すサーキュラーエコノミーを、持続的な都市の成長の鍵と据えている都市が多い。[*4] ほぼ全ての都市で、街のトランスフォーメーションを目的とした交通システムの強化や刷新が掲げられていた。インフラとしての交通システムの強化にとどまらず、様々な手段の組み合わせを提供するモビリティサービスへ。富山市で先行するコンパクトシティの取組み、マラッカにおけるパーク&ライドと組み合わせたバスサービスの強化など、車移動に頼らない街づくり、環境負荷を減らしながら住民の健康増進をかなえる自転車移動が促進されている。ブリストルは若年層のバス無料化を打ち出した。

グリーン産業とモビリティ産業に加えて、多くの都市で掲げられたのが、ソフトコンテンツ産業、具体的には、文化やクリエイティブ産業の強化である。シェアリングエコノミーやマイクロ（地域）ビジネスの推進、図書館や野外公園など、公共施設の再定義による新たなイノベーション拠点の創出も重要な政策課題となっていた。

サービスを生み出す手法としては、リビングラボやオープンデータの取組みが盛んである。コミュニティスクールの強化やアントレプレナー教育、シニアのスキル開発（例えば、ソウルの50歳以上を対象とした就労支援のためのインターンシッププログラム）を通じて人材を育て、リビングラボで新しいアイデアやサービスを実験的に実装する。一方で、共創の実現に不可欠な、住民含めたステークホルダーのニーズ（街が目指すゴール）のきめ細やかな把握はまだ道半ばであるため、丁寧な対話（既に市民対話を実践している街も多い）を重ねながらサービスの創出につなげたい。

●ローカル情報の活用：ローカル情報は、地域のリアルタイムデータに基づいた政策立案と、データ分析に基づいた意思決定のために活用される。富山市では住民基本台帳データを全国に先駆けてＧＩＳ上に展開し、民間事業者も利用できるIoTプラットフォームを構築した。アテネやグラスゴーでは、市内の交通、輸送、気象、カメラデータ、IoTデータなどをリアルタイムで一元管理するシングルオペレーションセンターの開発計画が進む。デジタルマップを使い、街の中のアセットの見える化をコミュニティ活動や教育プログラムにつなげたり（グラスゴー）、使用電力の見える化や健康情報の活用により行動変容を促すなど（Fujisawa SSTと会津若松市）、データを活用することで新しいサービスを生み出したり、住民の意識や行動に働きかけることができる。

データを公開・共有することでガバナンスの改善につなげる動きもあった。アテネでは、オンラインカレンダーを使って市内の工事情報などを共有し、市内12万本を超える樹木の成長データベース構築を通じて二重行政とサイロ化の解消を目指す。いずれの都市もオープンデータの取組みに積極的で、デジタルマップの作成などに生かされている。

都市生活から生成されるローカル情報―移動体（車など）情報、人流情報、気象情報、決済情報などの動的情報や、施設情報などの静的情報―と、パーソナル情報―私たち１人ひとりの個人情報（氏名や世帯構成、関心事項など）、健康情報（生まれたときからの疾患や服薬状況含む）、住環境情報など——の組み合わせが、「誰1人取り残さない」社会の実現に欠かせないパーソナライズにつながっていく。

●**パーソナライズ**：4章で、文脈化の考えをご紹介した。地域や個人の状況に寄り添ったデジタル活用の形だ。私たち1人ひとりの状況や関心・嗜好に応じた情報とサービスの最適化で、「誰にとっても一律の同じサービス・情報」から、「あなただけのサービス・情報」に進化する。この進化を本書ではパーソナライズと呼び、「誰1人取り残さない」社会発展を目指すＳＤＧｓの理念をサポートする考え方として位置付けた。

パーソナライズの考え方の根底にあるのは、私たち1人ひとりの年齢や家族構成、個性や関心事項の多様性を許容して、寄り添うことだ。私たちが必要なときに必要な情報を得ること（例えば、妊娠が分かったら、申請すべき制度や使えるサービスを自分から探しに行くのではなく、自分に必要な情報を自動的に受け取れるのが理想だ。引っ越しや介護のケースも同様）を可能とする。行政にとっては申請主義からの脱却となり、民間事業者にとっては、サービス利用者との長期的な関係性に基づく、生活環境／ライフスタイルの変化を前提としたビジネスモデルへの転換となる（売り切りモデルから、売った後に稼ぐスタイルへ）。

パーソナライズされたサービスの事例はまだ多くはないが、市民ＩＤを使い属性や関心事項などをサービスに取り込む取組みはFujisawa SST、会津若松市などで始まっている。本書でご紹介した事例には含まれていないが、千葉市では２０２１年1月に、住民の世帯構成や年齢などの住民情報をもとに、利用者が申請できる行政制度をプッシュ式で知らせる「あなたが使える制度お知らせサービス」（健康診査や子育て支援手続きなどの23制度が対象）が始まった。民間のサービスでは、遺伝子情報をもとにした保険料のカスタマイズ（かかる確率の低い疾患には低い保険料を設定するなど）がパーソナライズの事例と言えるだろう。

4章でもご紹介した通り、パーソナライズサービスは災害対応に展開されることで安心・安全な暮らしを実現するための強力なツールにもなるため、今後の発展に期待したい。

多様化・複雑化・長期化する社会課題はデジタル活用抜きで解決できない

ここまで見てきた都市の5つの価値創造の仕組みは、デジタル活用により処理能力を加速させる。都市の価値創造システムのインプット要素をつなぎ、進化のメカニズムを動かす原動力となるのはデータである（図6・3）。

デジタル活用を実践する際に重要となるのが、取組みやサービスが常に進化していく、という前提で動けるかどうかだ（業界用語でいうところのアジャイルの考え方に近い）。現代の社会課題は複雑化して、1つの原因を見抜くことが難しい。短期的な対応への瞬発力が必要なものと、長期的に都市生活に影響する異なるタイプの課題があって、原因は相互に依存しながらループをつくっている。1つの問題を解決しても、そ

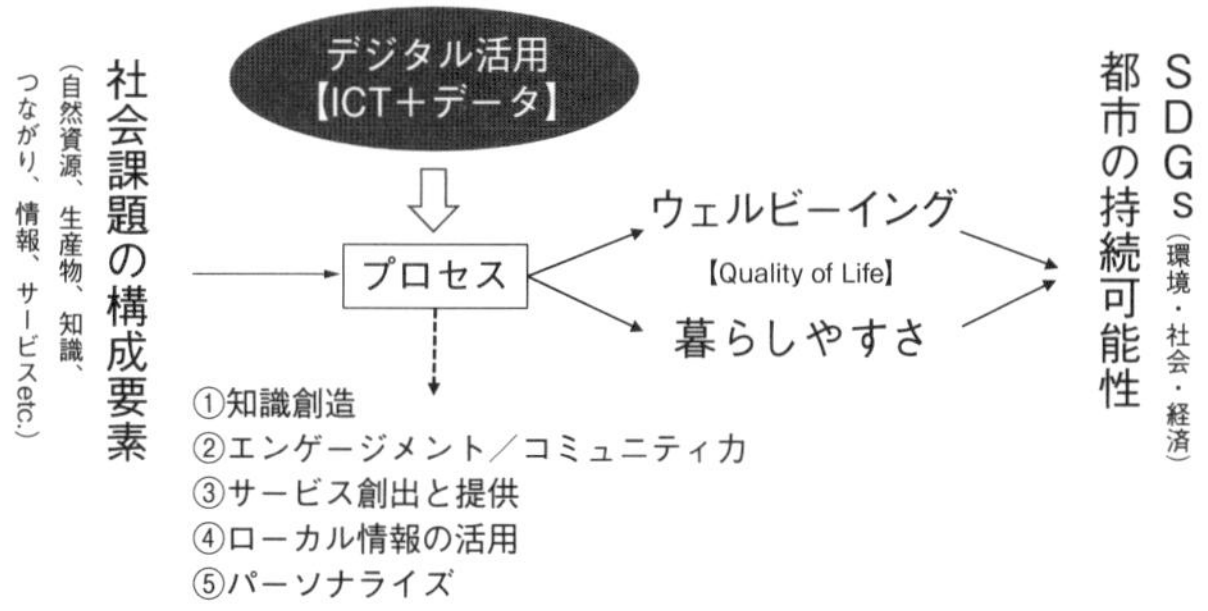

図6・3　都市の価値創造システムの構造

の過程で新たな課題が生まれたりする。都市の価値創造システムは、変化する外部環境を受け入れながら進化しゴールに近づいていく。そこで必要なのは、どのような不意打ちにも太刀打ちできるような完璧な解決策ではなく、「今、この状況下において」考えうる最善の策を打ち〝続ける〟ことだ。課題発見と解決の実践を反復するデザイン思考の考えを思い出してほしい。

会津若松市の担当者は、「技術はどんどん発展していくので、これをつくったら終わり、ではなく、常に前進するつもりで取り組んでいる」と話してくれた。DXの推進には、小さな失敗を繰り返して前に進むこと、完璧を求めないこと、が大切である。トップダウンで制度を調整しながら、現場のボトムアップの取組みを重視し、失敗を含めて許容することが進化の鍵となる。トップが率先して、「今は発展途上でいい。これからもっと良いサービスにしていけばいい」というメッセージを発信し、現場の取組みを後押ししたい。

2 SDGs時代のスマートな社会デザイン

都市の多様性とダイナミズムを許容しながら進化する

最後に、都市の価値創造（進化）を支えるシステム、特にICTとデータを活用したシステムのデザインについて、レジリエンスの観点からエッセンスをお示しして本書を終わりにしたい。

都市のダイナミズムに対応するためには、現場開発を許容し、可能とする環境の整備が重要となる。システムの構成に落とし込むと、クラウド上のデータ基盤＋ユーザーの共通認証＋カスタマイズ可能なアプリケーション＋データ連携ＡＰＩが必要となる（このような仕組みは、「都市ＯＳ」と呼ばれスマートシティの文脈で議論されている）。都市生活を支える静的情報（住民情報や施設情報など更新頻度が比較的低い情報）と、動的情報（移動・決済・ヘルス情報など日々更新される情報）が格納されたクラウド上のデータ基盤（基本データの共通構造はベース・レジストリと呼ばれる）に、カスタマイズ可能なアプリケーションが搭載される。データは１つの場所に保存されるのではなく、ＡＰＩ（アプリケーション間の連携窓口のようなもの）を通して様々な情報のソースと連携する。４章でご紹介した、小さなシステム（フルーガル）とデータ連携の話を思い出していただきたい。全てをゼロから立ち上げるのではなく、既にある仕組みを活用しながら大きなシステムを構想したい。

全国で共通のアプリケーションではなく、カスタマイズ可能とする理由は、課題やニーズが都市や地域により異なること、これらの課題やニーズは将来的に変化するという認識からだ。文脈化やパーソナライズサービスを提供するためにはアプリケーション間の連携が欠かせない。しかしながら、ルールのない状態でアプリケーションのカスタマイズを続けると、他と連携のできないアプリケーションばかりが誕生し、スムーズなデータ連携やサービス提供につながらない。

ここで改めて、４章でご紹介した①汎用性、②遍在性、③唯一性、④一貫性の考え方を思い出していただきたい。最近の日本におけるオンラインサービスは、マルチデバイスを前提とし、24時間どこにいてもオンラインにアクセスできる通信インフラもほぼ提供されているといえ、汎用性と遍在性は確保されている。

ローカル情報とパーソナル情報を組み合わせる

問題となるのが、唯一性と一貫性の確保である。4章ではコロナ禍の特別定額給付金の例をご紹介した。2011年の東日本大震災の際にも、各地域に設けられた複数の避難所ごとに避難者リストが作成され、統一的なルールがなかったことから後の情報の突合に大変な時間がかかった例がある。住所（番地）の書き方、氏名の入力方法（漢字・かな・カタカナどれを使用するのか）などが避難所ごとに異なっていたので、自治体が保有する住民情報との突合作業が困難を極めたケースがあった。

都市の進化を支えるシステムの設計にあたっては、マイナンバーカードなどを使った認証（唯一性）と、アプリケーション連携による情報の一貫性を保つためのルール設計が必要だ。例えば、A市に田丸健一さん（仮名）という人が住んでいたとして、B市に引っ越しをしてB市の田丸健一さんとなったとしても、この2人は同一人物であることをシステム上で常に認識する必要がある。

私たち1人ひとりの氏名・性別・住所・生年月日などの基本情報を含む、世帯情報、検診情報、服薬情報などのパーソナル情報を管理しながら、行政が保有している地域のローカル情報を活用する。ローカル情報には保有者が必ずしも自治体ではないケースもあるので（移動情報や人流情報など）、連携する。未来都市においては、ローカル情報とパーソナル情報の組み合わせによって、あなただけのパーソナライズな行政サービスやお知らせを通して、1人ひとりの状況に寄り添った「誰1人取り残さない」行政を実現したい。[*5]

ここで対象となる情報は、私たちの個人情報であり、地域の様々な主体が生み出す情報である。今後は、情報の取り扱いに関する倫理的なルールと合意形成の方法や、情報の真偽を確かめる科学的なツールが重要となる。[*6]

今ある使い慣れた仕組みを使いながらユーザー体験を向上させる

日本の行政分野でつくられる情報システムは、使い勝手が良くない、と言われることが多い。システムは存在するのに、使い勝手が悪いので日常的に使われず、本来の目的（オンラインを使って利便性を高めていく）を達成できない。フルーガルの観点に照らし合わせると、より汎用性の高い（標準的でオープンな）仕組み、人々が日ごろ使い慣れているツールを活用することで、システムを使う人の利便性、システムの使いやすさ（ユーザー体験）が向上する。[*7]

筆者が暮らしていたノルウェーでは、行政手続きをアルティン（Altinn）と呼ばれる行政ポータルで行っていた（図6・4）。引っ越しによる住所変更や税還付の手続きは全てこのポータルを通じて行う。ポータル上で一度住所変更をすれば、他の公的機関で住所変更の手続きをする必要はない。銀行に登録する住所も自動で変更された。行政手続きのために窓口に行ったのは、ノルウェーに到着した後、マイナンバー（ID と呼ばれていた）を取得するための一度きりだった。とても便利だった。

アルティンへのログイン方法は、6つのデジタルIDから選択できる（図6・5）。〝MINID（私のID）〟は、IDを申請した後に役所（税務署）から送られてくるパスワードカードを使ってログインをする。〝BANKID〟では、IDに加え、銀行が発行したパスワード（ワンタイムパスワードと登録パスワード

図6・4　ノルウェーの行政ポータル、アルティン（Altinn）。"あなたとの対話ポータル"と説明されている（出典：https://www.altinn.no/en/）

の2段階認証）を使ってログインをする。筆者は日常的にＢＡＮＫＩＤを使用していた。ノルウェーでは現金を使う習慣がほとんどなく、日々の暮らしで最も利用頻度が高いオンラインサービスはオンラインバンキングだった。そのため、オンラインバンキングと同じ手順で行政ポータルにログインできるのは便利だった。ログインオプションが複数用意されていると、普段自分がよく使うサービスのデジタルＩＤをそのまま使えるため、高いユーザー体験につながる。既にあるもの、小さなシステムの組み合わせ、の好例だろう。

価値創造を支える主体やツールを充実させる

ウェルビーイングや暮らしやすさを支える情報システムのデザインには、データやＩＣＴだけではなく、舵取り役を担う人が必要なことは言うまでもない。

行政内部の複数の部署が集まって、あるいは民間企業が数社集まって座組を組み、都市の価値創造システムを稼働させるためには、日ごろの情報共有やコミュニケーションがとても大切になる。日ごろのコミュニケーションが欠如していると、いざというときに連携が

図６・５　アルティン（Altinn）のログイン画面

上手くいかない。

２章でご紹介した１００ＲＣプログラムの戦略策定で、自治体が様々な外部組織や住民と対話を重ねていたように、日ごろ、ステークホルダー間で課題の理解や認識の共有、言葉と意味の標準化（同じ言葉を同じ意味で使うこと）を意識的に行う必要がある。３章でご紹介したような、ステークホルダー間の日々の対話をサポートするためのツールを開発し、日常的に活用したい。

日常的に活用できる対話や訓練ツールの事例として、筆者がノルウェーで働いていた大学内に実験的に実装されたコマンド＆コントロールセンターがある。コマンド＆コントロールセンターは、有事の情報収集と情報共有・意思決定の教育と訓練を主な目的としてつくられた（図６・６）。リビングラボ形式による実験の場でもある。センター内のモニターには、地域内の様々なデータが

図6・6　リビングラボ形式で実装されたコマンド&コントロールセンター（提供：アグデル大学）

図6・7　VRシミュレーション画像の一部。左の図は火事を想定した街のVR画像で、シナリオのシミュレーションができる。右の図は洪水を想定した街のVR画像。左下のボックスには異なるチャネルから寄せられたメッセージの一覧が、右下のボックスには資源の一覧が表示される（提供：アグデル大学）

チャートやグラフで表現される。加えて、ツイッターフィード、地図、ライブビデオ映像などがモニターに映し出される。ここでは、大学の研究者と地元自治体の担当者が災害時の情報収集・分析の訓練を実施している。電力会社や消防団など地域のステークホルダーが参加することもある。情報の見える化だけではなく、VR技術を使ったシナリオシミュレーションもできる（図6・7）。

進化を続ける未来都市は、課題として認識された事柄だけに対応すれば良いわけではないので、このような教育や訓練の場が果たす役割は大きい。情報システムの観点からも、フルーガル（小さな）で、できることから、スモールステップでのデジタル活用（DX）実践の好例といえる。日本の自治体でも、大学など研究機関と協働し、学術的知見や科学的手法に基づいたツールの開発と、日々の教育・訓練の実践が、日常的に活発に行われることを期待したい。

1章でご紹介したデザイン思考に必要な特性として、次の5つが挙げられている。本書に登場した様々な事例を振り返ると、世界中の都市が、まさにこれらの観点を実践していることに気づく。

・共感力：多角的な視点を持って物事を捉える。人間中心の考え方に基づいて、問題やニーズをくみ取る。
・全体思考：木ではなく森を見る。課題の原因は、1つとは限らない。複数の課題の関係性を理解し、深く分析をする。
・楽観主義：社会課題がいかに複雑であったとしても、既存の選択肢よりも良いソリューションが少なくとも1つはあると信じる。
・実験主義：新しいことを常に試し続ける。
・協働：分野の異なる多様な人々とのコラボレーション。1つの分野にとらわれることなく、工学、経営学、人類学、産業デザイン、建築、心理学などの連携による実践を進める。

私たちの日々の生活が、地球の未来を左右する。本書を通じて、SDGsが掲げる〝持続可能性〟について、街づくりの分野から少しでも理解を掘り下げ、アプローチへのヒントを読み取っていただけたなら幸いだ。社会デザインや街づくりには終わりがない。課題発見と解決のための実践を反復するプロセスだ。1人ひとり、日常生活の中で地球や私たちの社会に何ができるかを考え続けよう。今ある美しい地球が未来の世代につながるように。

〈注釈・文献〉

1 Kapuria, P.（2016）"A Human Well-Being Perspective to the Measurement of Quality of Life: Findings From the City of Delhi", *Applied Research in Quality of Life*, 11（1）, pp.125-145

2 Ryser, J.（2018）"Livable Cities UK and London", in Caves, R.W., and Wagner, F. eds. *Livable Cities from a Global Perspective*, Routledge, pp.30-44

3 ㈱サイバーエージェント、国際大学グローバル・コミュニケーション・センターの共同研究「デジタルガバメントに関する住民ニーズ調査」より。全国４１２９人を対象としたオンラインアンケート調査（２０２１年2月実施）

4 スマートシティやレジリエントシティの考え方が収められたISO37120（Sustainable cities and communities）シリーズでは、都市における生活の質に影響を与えるサービスとして、次の19分野を挙げた。①経済、②教育、③エネルギー、④環境／気候変動、⑤ファイナンス、⑥ガバナンス、⑦健康、⑧住宅、⑨人口動態、⑩余暇、⑪安全、⑫ゴミ処理、⑬スポーツと文化、⑭通信、⑮交通、⑯農業と食料供給、⑰都市計画（緑化など）、⑱汚水処理、⑲水資源

5 日本では、行政手続きについては、自分が住んでいる自治体を選択し、使えるサービスを検索して申請に必要な書類などの詳細を把握することのできる「ぴったりサービス」を国が提供している。将来的には、千葉市のように自分で探さなくても自動的に必要な情報が提供されたり、5章でご紹介した会津若松市のようにオンラインでの申請書作成、最終的には申請まで行えることが理想
https://app.oss.myna.go.jp/Application/search

6 Sakurai, M. and Chughtai, H.（2020）"Resilience against crises: COVID-19 and lessons from natural disasters", *European Journal of Information Systems*（29:5）, pp.585-594

7 イギリスのグラスゴーは、ユーザー体験を高めるため、My Glasgowアプリの開発の際、①地図を使う（情報を見える化する）、②情報をブロックに分ける、③なるべく絵や画像で表現する、④簡潔な文章、⑤クリック数を少なく、⑥シンプルに——を徹底しながらインターフェースを構築した

おわりに

7年前、蜃気楼のようなサンフランシスコの街並みを、対岸のアラメダの浜辺から眺めながら、遠くに来たなぁと思いました。2011年の東日本大震災の後、被災された自治体の情報システムに関する調査研究を行い、自治体のみなさんの使命感と、被災者に寄り添う姿に心を揺さぶられました。研究の過程でレジリエンスとデザインサイエンスの考えに出会い、情報技術が組織や社会、人々の生活に与えるインパクトを研究する経営情報システム学を学ぶため、アメリカに渡りました。アメリカでの経験は、その後私をノルウェーに連れていくことになる、私にとって世界への扉の第一歩でした。世界では、レジリエンスが社会システムの観点から議論され、持続可能な都市の未来を創るための重要なキーワードになっていました。

研究者に必要な資質や、やるべきことを教えてくださり、世界への扉を開いてくれた國領二郎先生と、リチャード・ワトソン先生に感謝します。ワトソン先生は、アメリカで私を家族のように受け入れてくださいました。とてもたくさんのことを教わり、これ以上ないほどよくしていただきました。私は何もお返しできませんでしたが、ペイフォワードだから、私が将来同じことを次世代にしなさい、と言って。

ノルウェーでも、アグデル大学のみなさんが家族のように受け入れてくれました。本書でご紹介したEUの大型プロジェクトに関わることになったので、ヨーロッパ中を駆け回る毎日でした。国籍も文化も習慣も考え方も専門領域も、すべてが異なる多様な人たちとの出会いと協働は、私の人生に最も美しい彩りを添えてくれました。専門分野は違いますがお互いの意見や研究方法を尊重し合い、より良い未来のために努力を惜しまない人たちでした。オンオフの切り替えを大事にして、人生を存分に楽しんでいました。私自身もとても楽しく、人生における価値観や考え方が180度変わりました。アグデル大学の同僚と、苦楽をともにしたプロジェクトメンバーに心から感謝しています。

ノルウェーでの仕事や暮らし、ヨーロッパの街の美しさや歴史・文化に強く惹かれ、永住を考えましたが、日本への帰国を選択しました。日本で温かく受け入れてくれ、今の私の研究活動を支えてくださっている国際大学GLOCOMの皆さんに感謝します。また、様々なプロジェクト活動をサポートいただいている自治体と企業の皆さんに感謝いたします。

最後に、この本が形になるきっかけをつくってくださった、上田真理さん、武藤真祐先生、古川雅子さんに御礼を申し上げます。これまで世界で積み重ねた実践研究を、素敵な本にまとめてくださった井口夏実さんと学芸出版社さんに感謝いたします。また、出版にあたり、住総研から助成いただきました。ありがとうございます。お忙しいなか時間をとって、取材に応じていただいた全ての方にも御礼申し上げます。

学術研究が社会にどのように貢献できるのか、アメリカとヨーロッパでたくさん議論をしました。実務家と研究者の視点や思考の違いを理解し、補い合った共生の先に、より良い未来が創れると信じています。これまで世界中の先生方から授けていただいたものを私自身もペイフォワードできるよう、精進します。

最後までお読みいただきありがとうございました。

2021年7月

櫻井美穂子

著者

櫻井美穂子｜さくらい みほこ

国際大学グローバル・コミュニケーション・センター准教授。

2005年慶應義塾大学総合政策学部卒業、2015年同大学院政策・メディア研究科博士課程修了。

専門分野は経営情報システム。博士（政策・メディア）。

慶應義塾大学大学院特任助教、日本学術振興会特別研究員（DC2）、アグデル大学（ノルウェー）

情報システム学科准教授を経て、2018年より現職。

世界のSDGs都市戦略
デジタル活用による価値創造

2021年7月25日　第1版第1刷発行

著者　　櫻井美穂子

発行者　前田裕資
発行所　株式会社学芸出版社
〒600-8216
京都市下京区木津屋橋通西洞院東入
tel 075-343-0811
http://www.gakugei-pub.jp/
E-mail:info@gakugei-pub.jp
編集　井口夏実

DTP　黒崎厚志＋大崎土夢
装丁　黒崎厚志
印刷　創栄図書印刷
製本　山崎紙工

ISBN 978-4-7615-2783-9
Printed in Japan